创业是一场心理革命

创业是一个个体寻求机会进行价值创造的过程。在这一过程中,个体并不考虑当前所控制的资源。

薛艺 ◎ 著

北京大学出版社
PEKING UNIVERSITY PRESS

图书在版编目（CIP）数据

创业是一场心理革命 / 薛艺著 .—北京：北京大学出版社，2017.3
ISBN 978-7-301-27992-2

Ⅰ.①创… Ⅱ.①薛… Ⅲ.①成功心理—青年读物 Ⅳ.① B848.4-49

中国版本图书馆 CIP 数据核字（2017）第 011081 号

书　　名	创业是一场心理革命 CHUANGYE SHI YI CHANG XINLI GEMING
著作责任者	薛　艺　著
责任编辑	宋智广　谌三元
标准书号	ISBN 978-7-301-27992-2
出版发行	北京大学出版社
地　　址	北京市海淀区成府路 205 号　100871
网　　址	http://www.pup.cn　新浪微博：@ 北京大学出版社
电子信箱	443402818@qq.com
电　　话	邮购部 62752015　发行部 62750672　编辑部 82207051
印刷者	北京玥实印刷有限公司
经销者	新华书店
	787 毫米 ×1092 毫米　16 开本　13.25 印张　156 千字 2017 年 3 月第 1 版　2017 年 3 月第 1 次印刷
定　　价	36.00 元

未经许可，不得以任何方式复制或抄袭本书之部分或全部内容。
版权所有，侵权必究
举报电话：010-62752024　电子信箱：fd@pup.pku.edu.cn
图书如有印装质量问题，请与出版部联系，电话：010-62756370

本书中所有个案，均根据行业伦理规范和相关规定，征得来访者知情同意，进行专业化处理，隐去来访者个人信息，并就咨询内容做适当调整，以确保其隐私受到保护。

前言

在这样一个"大众创业、万众创新"的时代,一位心理工作者能做什么?

时间回溯到2010年的某一天,我正在阅读一本与创业有关的书籍,当翻看到当年创业学家对于创业的定义的那一段摘述时,不禁眼前一亮:

"创业是一个个体寻求机会进行价值创造的过程。在这一过程中,个体并不考虑当前所控制的资源。"

这和我以前看到的对于创业的定义不同。以前,我看到的定义大多是说"创业是个体创办企业的过程"等。我由此发现,国外的创业学家们已经慢慢意识到,创业不是一门技术,而是一门改变人们思维过程的学问。

就算你当下没有资源,你也可以把握你的机会,过上更好的生活。这哪里是创业学,这明明是心理学!

对此,我曾与韩国教育部的创业教育专家交流过,但他们却说:"我们都是学管理学出身的,对于人的研究,真的不如你们从事心理学的。"

带着一种"搞创业的、教管理学的人不懂心理学"的自豪心理,我陆续查找了国内外相关学者的研究资料,发现大家都好像说到了"创业者的心智模式和普通人有所差别"。但是,也许因为学科背景不同产生的隔阂,学者们并没有明确地表述。一种"天将降大任于斯人也"的感受顿时在我的心中激荡。

纵观今天的社会现实,"大众创业、万众创新"的提出和实践可以说是一场及时雨。然而,我关注的不是如何创办企业并取得成功,而是人们的内心已经产生一种"创造自己人生事业"的创业精神,进而改变了原有的那种"无力、依靠外界环境"的固有模式。

"心为形役",我们的文化和教育方式让我们学会听话,思想行为要符合社会化标准。这虽无可厚非,但是人类社会真正前进的驱动力,是那些愿意改变现状中的不足,通过缜密思考和积极行动来创造新生活的人们。这些人就是那些"不考虑自己拥有什么样的资源,而是更关注于我想要什么"的人。

于是,在这种思维方式的引导下,我尽可能地通过咨询(这里包括了心理咨询和生涯发展咨询),帮助人们改变令他们感到痛苦的现状,以便创造出新的生活。这些人既有那些准备创业或正在创业的创业者、企业家,也有很多和我一样的普通人。他们想要改变,但是很难改变,内心由此变得迷茫、纠结,甚至焦灼。他们需要用创业精神去改变自己的生活。

重新整理这些案例的过程,也让我一次次地回想起那一个个片段,片段中的那些咨询者从内心凝滞和痛苦,到尝试改变,到最后"创业"成功。这也越来越让我相信改变的可能性。

见证每一个来访者的成长,也帮助我成长。如今,隔三岔五,我会接到朋友们给我发来的信息他们告诉我,他们选择了更符合自己内心的生活方式,而不仅仅是去创办公司(没有任何准备而轻易尝试创办企业,反而是一种不计代价的疯狂行为。如果是我的朋友,我都会让他再想一想)。

前言

在我刚刚开始写这本书之时，本书的策划编辑闫勤老师告诉我："薛老师，我从原来的公司离开了，现在过上了自己想要的自由出版人的生活。"我对她的改变很好奇，并问她到底是什么原因让她改变了自己的生活。她说："之前和您聊这本书的选题，促使我开始思考自己到底想要什么样的生活。我想，策划自己喜欢的书，爱自己该爱的人，这才是我最看重的生活。"

当我在微信朋友圈里，看到闫勤老师带着孩子游历大江南北，拍下各种幸福的照片的时候，我知道，她已经在创造自己美好的人生了。

目录

第一章　你真的需要钱吗　//1

不缺钱却又急于融资的焦虑老总　//2
你是怎么爱钱的　//10
创业心理工具 1：改变内心信念的方式　//18

第二章　稳定的生活，是你真正想要的吗　//21

留北京，还是回老家，这只是表象　//22
你的心是在体制内，还是在体制外　//30
创业心理工具 2：英雄之旅　//38

第三章　内心动力评估，走出坚实的第一步　//41

迷失在时间上的舞者　//42
想要休学创业的女博士　//51
就业是为了更好地创业　//56
创业心理工具 3：创业决策评估表　//63

第四章　创业，到底创的是什么　//65

我不是卖饮料的　//66
人心不齐，怎么挣钱　//75
创业心理工具 4：创业循环轮　//82

第五章　制订你的事业计划　//87

为什么别人都躲着我　//88
投资人为何不看我的商业计划书　//96
创业心理工具 5：创业计划制订四步法　//105

第六章　团队里，你的定位是什么　//107

我是团队的救世主　//108
公司里为什么会结帮拉派　//116
创业小团队，每个人要各司其职　//128
创业心理工具 6：人脉关系图　//133

第七章　突破：从 1 到 N　//137

社群啊，爱你不容易　//138
如果找不到出路　//146
创业心理工具 7：发展状态应对蓝图　//153

第八章　让生命力流动起来　//155

无力反抗的男孩　//156
"戏剧"人生　//167
创业心理工具 8：戏剧治疗，演绎真实人生　//175

第九章　创业就是一场修炼　//177

有信心创业，却不好意思谈钱　//178
做得也不差，但就是心虚　//185
技术出身做管理，总有些迈不过的坎儿　//192

后记　//199

第一章
你真的需要钱吗

靠创业获得财富和自由,这合情合理。但是,你真的需要钱吗?

你真的"需要"钱吗?你对钱的渴求,是源于现实的需要,还是来自心理的不安全感?

你"真的"需要钱吗?你对钱的渴求,是多多益善,还是自身有生存的压力?

你看,赚钱这事和心理学有很大关系,不明白自己真实的想法,你就会被钱牵着鼻子走。

不缺钱却又急于融资的焦虑老总

他的公司处于上升阶段，合伙人告诉他不缺钱，投资人也觉得他不用融资，但他却奔波于一个又一个的投资会，拜访一个又一个的投资人，为融资而劳碌。探究原因，这与他幼时家庭困顿有关。对金钱，他一直怀有深深的不安全感，就像内心有一个黑洞，只能不停地用金钱来填充。

这是任总第三次向我咨询了。他一直纠结于一个问题：怎样才能拿到更多的融资？

他的企业发展得挺不错。作为CEO（首席执行官），他负责公司的整个战略部署，不断地为公司找钱，忙得他筋疲力尽，于是来我这里咨询。咨询目的一方面是向我寻求更多融资的途径和思路，另一方面他有想要倾诉的欲望。

任总白手起家，从无到有把一个企业管理顾问公司发展壮大，创业之途自然充满艰辛与不易。现在,他的企业已经顺利运转,研发、销售、市场、行政等部门各司其职。"可以说这是公司历史上最好的时期。"他这么说。

"既然是最好的时期,为什么还来找我呢?"

当我问他这个问题时,他给我的回答是:"还是要长远考虑公司的发展啊。我作为公司的负责人,要不断地给公司找钱,也就是融资。唯有资金源源不断地流入,才能确保企业可持续发展。"

因此,他建议把第一次咨询的目标聚焦在"如何才能获得更多的融资"这个问题上。对于这次咨询,心理学出身的我,总有一些说不清楚却又怪怪的感觉。本着尊重来访者的原则,我接受了这个咨询目标。

第二次咨询的主题是"悲催的融资之旅"。任总让我知道了,创业者是这个世上最需要心理咨询师帮助的人。他说:"自从创立企业,我就像是走上了一条不归路。我去融资,很多投资人看完项目介绍,就觉得我们不差钱,不需要融资,可我不去融资,在公司待着,员工又会觉得我没事干。融到资了,我想着怎么把钱花出去;融不到资,我天天晚上做与融资有关的梦。去年有一段时间,为了找钱,我晚上做的梦是:钱在天上飘着,但我就是抓不到。醒来之后,我满头是汗啊……"

这种感觉,没有创业的人可能难以理解。

"我现在很纠结,薛老师。"他说,"公司现在也不是非常缺钱,可是我还是在不断地见投资人,别人有烟瘾、有酒瘾,我却有找钱瘾。"说着说着,他苦笑起来。

咨询的转折点就在此时。我问他:"就像你说的,公司并不是迫切需要投资。所以,你来咨询,与其说是为了解决现实层面的问题,不如说是你需要面对自己的内心阻碍。烟瘾和酒瘾的背后往往都有心理诱因,你这个找钱瘾的心理诱因是什么？"

我的这番话把他给问愣了，他确实不知道诱因是什么。咨询时间结束了，我让他带着这个问题回顾他的人生，下一次我们再来探讨这个话题。

这一次，任总很早就来到了咨询中心，预约的时间一到，他就迫不及待地来到了咨询室。

"薛老师，我觉得您上次提出的问题很重要。这一周，我开始不那么着急地找投资了，而是一直在思考这个问题。虽然还没有什么头绪，但我仿佛找到一些原因了。"

我看着他说："你说说看，先不用考虑你所说的有没有逻辑，只需要把这一周的思考结果说出来。"

"嘿嘿，您真懂我。我想到的好多事情还真是一点儿逻辑都没有。回去之后，我一直在想：为什么自己对找钱这么上瘾呢？我缺钱吗？我并不觉得自己缺钱。创业这些年，我把家人照顾得好好的，虽然比不上王健林、马云，但是日子比一般人强多了。比如您的咨询费，可能别人觉得不算便宜，但是我不觉得贵。"

他停了一下，继续说："那我为什么还要不停地找投资人呢，是因为公司员工的期望？也许吧，但是我的合伙人也没说需要我去融资。比如公司副总经常和我说：'您在公司主持大局就好，没必要总是出去找钱。'可我就是有瘾，不断地去找投资人……我老婆都和我开玩笑说让我和天使投资人过，别回家了。"

我笑了笑。他又接着说："还有什么呢……我问了一个创投圈的朋友，他说我这就是寂寞，说白了就是闲的；我是整天面对公司里的一帮人觉得太无聊了，想找人聊聊；我以融资为借口找人聊天，其实是醉翁之意不在酒。

我觉得好像也对,和投资人聊天确实开阔眼界,但我那不是瞎聊,而是带着公司的运营计划去的,并且是真诚希望他们能给我们公司投资的。"

"嗯,还有吗?"我鼓励他再想想,把不靠谱的可能性都排除掉。

"没了。这一周有很多投资会谈,我都没去参加。身体虽然不累,但是心累。我想了一大堆可能性,却没有一个让自己信服的结果。"他摊开双手,表示自己没办法了。

"好。虽然没有结果,但起码我们用一周的时间借助排除法把不相关的信息都排除出去了。现在,我们聚焦于这个话题:你为什么对投资如此上瘾?"我把这个话题写在咨询记录纸上,然后问他:"第一个问题,在不断融资的过程中,你能够感受到的最强烈的情绪是什么?"

任总不假思索地回答:"焦虑。我感觉自己每天都活在焦虑中,不去找投资人就不踏实。找到投资人,哪怕只是聊天,我的心情也会好一些,但是心里还是不踏实。如果签了投资意向书,我会感觉会踏实一些。有人直接投资是感觉最好的。"

我看着任总,感觉他还有话要说。稍等了一下,他继续说道:"这一次投资结束之后,过一段时间我就又开始焦虑,想着钱总是会花完的,所以就忙着找下一个投资人……"

果然,这和其他情况的成瘾反应是一样的。没有烟可以抽,很焦虑,抽完就舒服了,但这只是暂时的,一段时间后,他就又开始焦虑……于是进入了持续的循环中。

"你最主要的情绪是焦虑。第二个问题:如果融资成功了,你的公司会有资金注入,那么这些资金注入后,最让你满足的是什么呢?"

"嗯……"任总思考了一会,说,"您这么问,让我意识到找钱好像只是表面现象，我们公司其实并不缺钱。对我来说，最重要的是那种有钱之后的满足感，让人感觉特别踏实。"

"就像是人吃饱了之后舒舒服服地躺在沙发上的感觉？"我看着他，帮他描绘出一幅很有安全感又很踏实的画面。

"没错！就是那样！"任总欣喜地说。

"在融资过程中你会感受到焦虑、不踏实，而一旦获得融资，你就会变得踏实。如果用一句话来描述你融资过程中很焦虑、不踏实的心情，你会用什么样的一句话呢？"

任总想了想，用低沉的声音说："那种焦虑、不踏实的心情就像……有个声音在告诉我自己：总是不够，总是不够……"

"嗯，'总是不够'。"我替他总结这句关键的内在信念。

所谓的内在信念，就像是心中的 GPS（全球定位系统），它会指导你的情绪和行为的发展，影响你对人和事物的看法。如果这个 GPS 功能正常，那它就会带你走上捷径；如果 GPS 出了问题，你所做的一切事情，所拥有一切情绪，以及对外界的一切看法都会"跑偏"。

任总对金钱的看法，以及他融资成瘾的行为和融资过程中的情绪感受，都可以反过来指向他内心的这个 GPS——"总是不够"的信念。

接下来，我该帮助他修理内心的这个 GPS 了。

"我很想知道，'总是不够'这个想法是从哪里来到你心里的？"我问他。

"这个问题蛮有意思的……从哪里来到我心里的？"任总已经适应了对内思考的情景，说完这话他陷入了深思。

过了一会，他说："从小我家很穷，我妈经常说我家没钱，要省着点儿花,还要留给我弟弟用。我不知道是不是这个原因。"

说到这里,这位中年汉子惆怅了起来,似乎有一种情绪在酝酿。

"可以多说一些吗?关于小时候那种家里没钱所带给你的感受。"

"我家里穷,还有一个比我小两岁的弟弟。那时候,我们能吃饱就不错了。别的孩子直接上树去偷水果、掏鸟窝,我记得我上去之前都要先把衣服脱下来,但又不敢扔在地上,生怕被人偷走,有时候就系在腰上,有时候就先扔到树上……总之,特别小心。"

他沉浸在回忆中。"有一次,我不小心把碗摔碎了,我妈二话不说就揍了我一顿。揍完我,她自己就在那里哭,说家里有多不容易。我记不清自己当时是什么心情了,但是现在想起来,我妈当时一定特别纠结。她肯定也知道我是不小心打碎碗的,可是因为穷啊,重新买一个碗也是要花钱的。现在想来,真是憋屈。"说完,这个40多岁的汉子竟落下了眼泪。

听他诉说自己的故事,我心中充满了对他的理解。一个内心总有一个声音说"总是不够"的人,即便有了足够的钱,他仍然会不断渴求更多的金钱。此时,金钱已经不是确保生活必需的交换物,它的多寡也不再是内心满足的标准,金钱成为这个人补偿过去不安全心理的粮食。可是,这样的人,他的内心往往是不能被填满的无底洞。金钱即便再多,也会在这个无底洞中消失得无影无踪。往小了说,有的人会不断赚钱来满足自己的安全感;往大了说,贪官污吏强迫性地攫取自己十辈子都用不完的财富……都是内心对于钱的信念在作祟。

"老任,听到你说这些,我有一些感触想要跟你分享。"看他情绪慢慢恢复平和,我开始帮助他做总结,"每个人的内心都会有对不同事物的想法和信念,比如你说到的'总是不够'的信念,它来源于你生命早期家庭给你带来的这种饥饿感，你感觉自己不够安全，于是想要得到更多的金钱。当公司发展不能确保永远快速增长的时候，你选择通过不断地融资来满足你内心的渴求。这让你很焦虑，进而没有了良好的心态，也把握不住当下最重要的事情。"

他频频点头，看来他意识到了这个问题。

"接下来，我再问你几个问题，以帮助你重新看待这种'总是不够'的信念。第一个问题是：任何信念除了会让人因为感觉被控制而有些反感以外，我相信也会有积极的价值。你觉得'总是不够'这样的信念对于今天的你来说，有什么价值和意义呢？"

任总稍作思考，说："我觉得最大的价值在于，它让我一直往前跑，停不下来。虽然身心疲惫，但是也让我获得了今天的成就。大学毕业之后，我和很多人一样，选择去了事业单位，其工作稳定、踏实。后来，我预测出自己未来的收入太少，那种感觉让我待不下去。工作不到两年，我就下海了。"

说到这里，老任脸上露出了幸福的笑容。

接着，他又说到了自己的公司。一次次的战略决策，一次次的业务拓展，都由他来拍板，并站在第一线组织实施。现在，公司的核心价值观第一条就是"追求极致"。

我赞许道："很好，老任。其实这种信念对于你个人来说有很大的价值。当我们没有意识到自己内心的某种信念时，它也会驱使着我们做一些自己不情愿的事情。这种情况下，人就变成了自己的奴隶。由此引申出的第二个问题是：当你现在意识到自己的这种信念时，你希望对此有什么样的改变呢？"

任总说："其实，公司目前真的不需要那么多钱，天天找钱这事儿都是我自己的主意。您刚才说的那句话让我很有感触，任何公司都不会总是长期快速地增长。要是在平时,一旦我们公司发展降速了,我就着急上火,就会觉得公司钱不够了,得赶紧去找钱,其实这反而让我失去了焦点。接下来,我要回归到焦点。公司要赚钱,不能靠找投资人。过去有投资人对我说过:'你们企业不缺钱,找我干吗?'我当时还认为,他是不想给我投资才这么说的,今天回想起来,他说的是大实话。既然不缺钱,我应该把更多的精力放在公司的战略发展上。"

"嗯,很好。"我鼓励他,"第三个问题是:如果你选择把精力放在公司的战略发展上,对于今天的你和公司有什么样的帮助?"

"这应该是公司员工最愿意看到的结果。我是公司的主要负责人,由我来把控公司发展的方向,会让员工们感觉踏实。对于我自己来说,则有点儿挑战的意味,因为制定和实施公司战略不是一个可以快速来钱的方式。"

说到这里,任总又笑了,他说这句话源于自己内心的信念。有觉知地笑,比无觉知地被内心信念所控制,活得更明白。

"但是,这是我的责任。"任总变得坚定起来,他知道自己最需要做什么了。

他接着说:"当然,我还会去接触一些投资人,但不是单纯为了钱。投资人自身有很多资源,我们可以与其合作,从而带来一些额外的惊喜。我可以把握好这个平衡。"

经过三次咨询,任总从不断渴求投资人"施舍"的焦虑状态中走了出来,变成了称职的公司CEO。不是任何外在的现实改变了他,而是他自己觉察了内心的信念和随后心态的变化改变了他。

心态变了,世界就变了。

"很高兴看到你的改变。刚开始咨询时,你希望自己能获得更多的投资,其实是被内心'总是不够'的信念所驱使的。而这个信念是生命早期家庭物质匮乏导致的。说不清它是好是坏，但它确实帮助你获得了今天的成就，只是你在没有觉知的情况下会受到它的控制，不由自主地做出一些让自己感到不适的行为。真正改变的前提是你对这个信念有所意识，并在现实生活中做出努力。接下来，我会见证你的这些变化。"

"是的，以后我还需要您帮助我排除这种干扰。"

人们拥有多少金钱是客观的现实，对于金钱的态度却是主观的感受。不同的人对于自己拥有100万元这件事的感受是不同的。如任总拥有的金钱，对于一个工薪阶层来讲，可能已是天文数字，但是他却仍然像是没吃饱的孩子，时时需要用更多的钱来满足自己内心的渴求。

不自知的人，会活得如同驴拉磨，很辛苦，却浑然不知自己已经陷入泥潭不可自拔。

人们常常咨询的诸如情感问题、家庭关系问题、职业发展问题和青春期问题等，可以将其归纳为这样一类：

总是在原有的心理模式中纠结缠绕，从而找不到新的出路。

你是怎么爱钱的

一个"我"与"钱"的小游戏，会让很多人暴露出自己对待金钱的真正态度。现实中，有人对金钱避而不谈，有人却勇于追逐金钱。

前来咨询的她，在长期稳定的工作中养成了惰性，面对压力剧增的现实生活，日益感到不满。她渴望改变，却又懒得改变。

我平时除了针对个体做心理咨询外,还很喜欢带领通常由十多个人组成的团队参加团体心理咨询。我们把这样的小团队叫作心理成长小组,名字听起来让人轻松。

虽然叫心理成长,大部分参加者却并非"有病",而是怀有一种探索内心的需求。他们不想浑浑噩噩地过日子,都想通过了解自己的过去,更清醒地过好自己当下的生活,并充满希望地迎接更美好的未来。

这样的活动在时间上一般会持续3个小时左右,没有固定的话题,所有的问题都是由参与者当场提出,因此不确定性很大,对咨询师的要求高。当然,咨询师的收获也会更多。

这天,小组成员小君在活动开始前说:"最近家里好穷啊,都快吃不上饭了。"她是一位公务员。

其他几位成员也相继讲述了各自家庭的经济状况。

"你还没钱?你每个月都有固定工资,起码不会像我天天提心吊胆地生活啊。"自由职业者阿玉颇不以为然地说。

"就是,旱涝保收,还可以休假……我所在的公司好久都不给批假了……"另一位在民企工作的成员随声附和道。

小君听到后,说:"你看杨姐和张老师就不说话。"她边说边笑。

大家都知道,杨姐有一位很能赚钱的先生,张老师亦是退休干部,每月养老金不少,他们对于钱已经都到了"无欲无求"的阶段了。

杨姐听小君提到了她,便说:"家里不缺吃穿,我还要去赚一些外快。不为别的,只是为了证明自己。"

张老师也回应说:"我虽然退休了,但也找了点事儿做,发挥发挥余热,虽然挣不多少钱,但也是我自身价值的体现。你在事业单位,怎么还整天为钱担心呢？"

"既然大家对金钱这个话题很感兴趣，那我们今天就通过活动来体验和感悟一下个人和金钱的关系吧？"我看时间到了，便顺其自然地就这个话题开始了今天的心理小组活动。

"好啊！"大家几乎是异口同声。

我把大家分成两人一组，每一组的成员，分别会抽到一张纸条：如果一个人得到写有"我"的纸条，小组中的另一个人就会得到写有"钱"的纸条。

"你们不能通过看纸条来知道自己是什么身份，你可能是自己，也可能代表钱。开始之后，要把精力集中在你和你的搭档身上，并做出此刻你最想做的动作，任何动作都可以，只要不真打对方就行。"

这是心理咨询中的"格式塔疗法"，通过让参与者关注于当下的感受，做出最符合自己感受的真实表达。

在短暂的安静之后，活动室里热闹起来。所有参与者都有所行动：有站在原来的位置一动不动，干瞪着眼的；有相互挑衅的；有彼此追赶的；还有两个人拥抱在一起的。由于不知道自己扮演的是什么，大家都去掉了伪装，显现出真实的自我。

6分钟后，我喊"停"，大家相继从刚才的各种情绪中回到了现实。

"现在先猜一猜对方扮演的是什么角色，然后分享一下感受。"

大家重新进入了充满欢乐的环节。有人猜对了，有人猜错了。虽然猜对与否只有百分之五十的概率，但是每个人都会为自己的猜测赋予意义。如有的人会说："我猜你是'钱'，刚才我追你，你总是跑，就像我现在总是赚不到钱一样……"通过动作，人们找到了自己内心的模式，也更真实地呈现出了各自的心理问题。

"我想每个人都会有自己比较独特的感受吧。谁愿意说一说?"

这边的王亮举起手。他说:"刚才您一说开始,我就看我的搭档不顺眼,想揍他。但是您说不能打架,于是我就怒视着他。后来我看他想和我打架,不知为什么我却屈服了,不想和他打架了。薛老师能给解释一下是什么原因吗?"

对于这种暧昧不明的线索,最好还是先听听当事人的想法。于是,我问他的搭档老白:"你当时是什么感受呢?"

老白平时很少说话,但此刻我能明显地感觉到他有很多想法。果然,老白发话了:"当时我一看他对我那么凶,就猜到他应该是'钱',不仅代表我的钱,还代表我的金主,也就是我的老板。我的老板就是这样的,平时很凶,给我们发工资就像是欠他的一样。看在钱的面子上,我不和他一般见识。"

"是你选择不和他一般见识,还是你现在没有办法和领导讨价还价,所以没有直接表达你的不满呢?"凭借长时间对老白回避人格特征的观察,我这次问得很直接。

老白眉头紧锁,沉默了一段时间,他内心中固有的回避模式在一点点地瓦解。

等待了一会后,我补充了一句:"对于你来讲,钱和你的领导有着共同的特征,都会让你回避,让你没有办法与其平等相处。那是因为你今天还没有具备去面对冲突和问题的能力。"

"是的,很多时候我会选择回避,包括工作中遇到的挑战,也包括生活中的困难。"老白低着头回答。

"那么,你打算逃到什么时候呢?"我看着他问道。刚才还气氛轻松的咨询室内，霎时间变得连空气似乎都凝重起来。

"嗯……您说得对，确实不能再回避了。"

"一会儿我会再组织大家做一些活动，希望你能勇敢地去面对，试试看如何？"我鼓励他，就像每次小组活动时鼓励所有人进行新的尝试和改变一样。

"好的，谢谢您，我一定会努力的。"

我转向大家："还有谁要分享？"

小君举手了："老师，我刚才就是'我'，我的'钱'一直在跑，然后我就追，追得都快跑不动了。"她指了指她的搭档，那是个身体强健的男生。

她又接着说："我累得不行了，所以就坐下来，懒得动了。他就在我眼前晃，还逗我。可我真是不想动，太累了。"小君把双手摊开，做出一副无可奈何的表情。

我认为她刚才说的一句话很符合她的现状，于是接着她的话说："你刚刚说'我累得不行了，所以就坐下来，懒得动了。'请你重复这句话，慢慢地说，感悟一下这句话。"

听到我的建议，小君慢慢地说："我累得不行了，所以就坐下来，懒得动了。"

"结合你的生活现状，这句话让你有什么样的思考？"格式塔疗法要求我们要关注于"此时此刻"的感受，于是我邀请她关注于当前为什么会做出这种"懒得动"的身体表现，以及"懒得动，累得不行了"背后的心理感受。

小君两眼出神，过了一会，慢慢地说："我在现在的单位已待了8年。我研究生毕业后，在单位找的对象，然后结婚。我们的孩子5岁了，现在是由家里老人帮我们带着。有关孩子的吃喝玩乐、上兴趣班等，都需要钱。我们还要考虑孩子未来的教育问题。老公和我是同一个单位的，我们那点儿工资根本就存不下多少。我每天上班虽然不累，但是一想到未来就觉得好累。我也问过老公，他的感觉和我一样。"

小君这些年所经历的苦处，在她的倾诉中慢慢呈现了出来。

"上个月，我们单位调整了作息时间，有些人就不想干了。他们私下讨论：反正国家现在鼓励创业，为什么不趁着年轻出去折腾一次？我当时就在想：我们哪里还年轻？我回去与老公聊天，得知他也听到过这样的说法。他说：'我们现在不就是电影《肖申克的救赎》里面喂鸟的那个老杰克吗？在监狱里待了大半辈子，在监狱里知道怎么活着，出来后反而不知道怎么生活了。'我现在是既可悲又可喜，可悲的是当年选择了一份一眼望得到头的工作；可喜的是，现在对这件事有所觉悟了。"

我看着她，给她加了点儿料："还有一个可悲的现状是，如果真的让你动，你是懒得动的。"

"薛老师，您是说到点儿上了，现在让我选择改变，比不改变还难受。"

好逸恶劳是人类的本性。如果改变的痛苦比维持现状的痛苦更大，有些人宁可选择口头抱怨，也不愿去做些什么。

"所以你现在宁可选择抱怨体制环境，也不愿意做出有效的改变。体制是无辜的，很多人说'温水煮青蛙'，其实它并没有逼着你必须在这里。事实上，只有傻青蛙才感受不到水温的变化。"

小君看着我，欲言又止，她知道我说的都是残酷的真相，也知道我是在鼓励她重新思考人生。

"无论什么样的环境和体制，它们的存在都是合理的。你需要考虑的是：为什么当年你要进事业单位而不是去其他的地方？而此刻你也需要思考：为什么以前一直让自己感觉舒舒服服的地方，现在却让你觉得比其他任何地方都难受？"

小君有些赌气似的说："当年进这个单位不是我个人的选择，一方面家里有这个条件，另一方面我也觉得去这个单位比其他地方强。"

既然如此，那我就让你逃无可逃。

我问："研究生毕业之后，你作为一位有知识、有文化的成年人，把选择自己职业的重要权利交给家人，我想知道，是谁让你放弃了自己人生的选择权？"

"是我自己……"小君有点儿无言以对。

没有任何一个人愿意为别人做选择，除非后者放弃选择权。

"你今天为什么对当年的选择耿耿于怀了？一定是你的变化导致了这个结果，毕竟单位还是那个单位。"我继续追问她。

"生活压力大，每天重复的任务太无聊了……当然，国家也鼓励我们创业。"这次小君不假思索地回答了我的问题，看来，她考虑过很多次了。

"所以，并不是'因为我在这个单位，所以我赚不到钱'，而是'过去的选择让自己陷入困境中，所以今天赚不到钱'。你注意听我的表述，'今天赚不到钱'，不代表……"我故意把语速慢下来，想让小君接我后半句话。

"不代表以后赚不到钱，对吧，老师？"

"是的，首先要突破的是你自己内心的阻碍。刚才这个活动中，你感受到'钱'在你周围很活跃、很折腾，他比你有活力。而你只能被他吸引，却没有办法抓住他，因为你是静止的。钱是不可能主动来到你身边，它需要靠你真实的行动才可以抓到。"

小君恍然大悟:"刚才我觉得他是在逗我,经您这么一说,我意识到了,我自己不想动,还希望能赚到钱,哪有这样的好事?"

这时,刚才和杨姐搭档的男士说:"哎,不对啊。你看我们杨姐就可以不动,钱就自己过来了。"

杨姐立刻回应:"那可不对,我回家还得天天服侍我家那位呢。"

这世上之事有一个常理,你的付出和回报是平衡的,就好比是"门当户对",只不过人们总是忽视了回报的不同时间和不同方式。

"好的,小君,现在我再来问你,你以后打算怎么对待赚钱这件事呢?"我看着小君,问她。

"今天,我印象最深的话就是您所说的这句:'体制是无辜的。'以前我抱怨一通之后,总是处于不愿意改变现状的状态。体制不欠我什么,现在是我自己想改变,而不是我老公,也不是我的单位。我回去要和家人商量商量,我可以靠什么先赚点儿钱,做些改变。"小君越说越有劲。

大家纷纷向她投去赞许的目光。

很多改变都在一念之间,你的心态变了,你的世界就变了。

最后,我让大家重新体验一次"我"和"钱"的游戏。我看到老白对视着自己的搭档,无论对方做出什么样的表情和动作,他都不再躲避;我也看到了小君欢快地跑着,她不再执着于对自己的禁锢。

如同蝴蝶翅膀可能兴起飓风一样,咨询室中小小的改变,也可能掀起个人生命中的大浪,进而创造一种新的可能。

创业心理工具1：改变内心信念的方式

1879年，科学心理学诞生。之后，心理学家们对"人们的心理模式如何改变"做了很多的研究和探索，但至今仍然没有找到一条如同"两点之间的所有连线中直线最短"这样的公理。

没有公理便没有公理吧。人类的心理复杂多变，也很难用一条放之四海而皆准的公式来套用。后来的心理学家们发现了混沌理论，发现了"小的事件会促发大改变"的现象，因此提出了几种可能改变生活现状的思维方式。

例如，有人想要减肥，这可能是大家最关注的话题了。对此，你可以从以下几个方面入手来达成目标：

第一，从行动入手。想减肥的人必须要"管住嘴，迈开腿"，不真正努力是不可能做到的，这是最好理解的视角了。而且，心理学家建议想减肥的人从最小的行动开始，你如果不能一次跑10公里，跑800米还是可以的，那么咨询师就会建议你把目标订立在1000米左右，然后循序渐进，以期达成目标。

第二，从情绪入手。当你觉得自己胖的时候，无论是自己内心的情绪，还是外界影响让你产生的情绪，都不会令人感到美好。人类的本性是趋利避害，对不良情绪的持续体会和感受，会让人们做出改变的决定。这就如人们所说的"今天不想上班，但是看了自己的银行账户后立刻就会打消这个念头"，情绪会驱使我们做出对自己有利的行为。

第三，从信念入手。这方面要求你有较强的自我觉察能力，能够意识到内心对"自己胖"这件事是什么样的想法，进而才可以和这个想法对抗。如，你可以在一个安静的状态下，问自己"为什么"，如"为什么我这么胖，还不愿意减肥呢？"慢慢地，也许就会有一些回应的话语从心里冒出来，如"就算瘦下来，还是会胖回去的，谁让你嘴馋呢"，原来是对于瘦下来没有信心，而且嘴馋是关键，那么接下来就可以做出理性的选择，控制自己的饮食（这时内心的信念可能是"如果我可以控制饮食，起码不会再胖"），或者心安理得地吃（这时内心的信念可能是"哎，我就是个馋嘴的人，吃吧，好歹让自己开心"）。人们会根据自己的信念做出有效的心理调适。

当然，还有很多方面的因素也可以促进改变，比如依靠想象、自我对话等。在人们改变的过程中，以上3个方面起到了主要的作用，而且一般会遵循"从情绪到信念，从信念到行为"的改变模式。

当你想要改变任何事情的时候，可以按照下面的路径去尝试一下。

1. 问题：当前你认为自己最需要改变的是什么？请用一句话把它表达出来。

_____

_____

2. 情绪：这个问题给你带来的情绪感受是什么？请列出最常见的3~5个相关的情绪，并在接下来的时间去体会这些情绪。

_____

_____

3. 信念：当你体会了这些情绪之后，持续地问自己："我为什么会这样呢？"然后静静等待，看看会有什么样的信念表达出来。

_____

_____

4.行动：当你意识到是因为某些问题导致自己今天的状况时，你经过考虑后会选择什么样的行动去改变？基于今天的状况，写出2~3条你可能会采取的方法和具体行动。

_____

_____

结合刚才的案例，你会发现，如果是小君来填空的话，会有以下的描述：

1.问题：我为什么就只能挣这点儿钱呢？

2.情绪：感觉不公平、愤怒、抱怨……

3.信念："我为什么就只能挣这点儿钱？""就因为我在这样的一个单位中，而这又是我自己选择的……所以我要让自己选择更为积极的生活。"

4.行动：我可以寻找一些符合自己能力的赚钱方式；我需要调整对于工作的看法；我可以从工作中获得对我未来创业可能有帮助的资源；给自己定好时间期限，让自己处在行动中，而不是处在抱怨中。

第二章
稳定的生活，是你真正想要的吗

稳定，对于要创造新生活的你，意味着什么？

下面这些案例，会带你去思考并逐步看清那些看似稳定的生活背后的"危机"。

留北京，还是回老家，这只是表象

留在北京，还是回老家，其实这只是问题的表象。只有明确了目的地，你才能选择搭乘什么样的交通工具。同样，只有明确了你想要什么样的生活，你才能明白哪里更适合自己。

她在黄昏时分来到咨询室。

一进入咨询室，她就开始"吐槽"："这个地方太难找了，还要穿过一条黑漆漆的走廊。物业也不给换个灯？"

对这句埋怨的话，听着并且保持职业微笑就好了，她是来咨询的，我没有必要接这个话茬。

果然，她没有继续这个话题，因为咨询已经开始计算时间了，也就是开始计费了。对于她目前的收入——4000元的月薪，咨询费是一笔不小的开支。

"我坦承,自己现在过得很糟糕。您的助理给我发的信息登记表上有一项叫'咨询目的'。对此,我确定不知道什么是我最想说的。"她看着我,正式进入了咨询状态。

"你可以尝试着说说看,是什么样的原因让你选择来到我这里的?"

还有什么比如此抽象的话语更能打开来访者的话匣子呢?

"我觉得自己的生活一团糟。我想离开这座城市,这是我在家思考了千百遍之后最终写下的'咨询目的':我不确定自己是应留在这座城市,还是回到家乡。家里人不允许我再这样闯荡,一方面是因为我花了家里太多的钱,另一方面是因为我的工作很不称心。我在咨询表里面也提到了,母亲在我很小的时候就离开我们去了别的地方,我从小和父亲相依为命。我曾经找过很多咨询师帮助我处理内心的情绪。也许正是因为如此,我现在才有勇气来见您。"之前,她一直看着窗外的夕阳,说到这里,目光才回到了我的身上,和我的眼神有了交错。

当然,我知道她这句话不仅有着字面上的含义,但也没有必要去打破她此时的宁静和影响她的言语起到的自我梳理的作用。

"我爸养着我,虽然我一时能接受,但时间一长,内心实在不好受……我毕竟32岁了。如果回老家,那里山清水秀的环境,对我的身体也有好处。但每年冬末春初时,我都会陷入长期的抑郁和焦虑。医生告诉我这是季节性的,会给我开药,至于治疗效果,我不做任何评价。我知道如果回老家,我的身体状况会好转,至少不用呼吸雾霾了。"

说完,她不禁又抬头看了一眼窗外的雾霾。窗外的黄昏,被薄纱一般的灰尘覆盖着,有一种透不过气的压抑感。

我问她:"听上去,回家对于你来说是很好的选择,尤其在环境对自己的身体会有帮助上。那么，是什么原因让你还没有准备回家呢？"

她把脱掉的大衣从自己腿上挪到旁边的椅子上，轻轻地呼了口气，说："我一直认为自己是个孤独的人。如果我真的回到老家，就不能享受自己独处的生活。在这里，我可以给自己做饭，和好友去看话剧。周末，还可以毫无顾忌地找个咖啡馆坐上一整天。如果回到老家，我最不能应付的就是我家的亲戚。我老家小得可以让我成为一个新闻人物，因为我是一个从大城市回来的女人，32岁，未婚。这种被关注的状态可能会持续两到三年。而且，这些东西会像标签一样贴在我身上。"

面前这位中文系毕业的高才生，曾就职于某知名媒体、某知名报社、某知名出版社。她平均一年换一份工作，但仍然可以轻松地得到知名机构的垂青。虽然频繁跳槽带来的代价是薪酬低，但从她过往的学习经历和每一份曾做过的工作中可以看出，优秀对于她来说是一种习惯：曾经是品学兼优的好学生，现在是兢兢业业的好员工。然而，这样的身份除了彰显出她自我的优秀之外，是否也成为她一种外在的无形压力？

被外界赋予了优秀身份的人，常常也会要求自己在各方面都表现出顶尖的水准，因而他们的内心是孤独的，总想离群索居。从她的体形上就可以看得出来，身体和心理上的压力在消耗着她的生命，她瘦得像是一根枯树枝，和窗外的残阳很匹配。

"还有，"她的话语打断了我的思绪，"工作让我失去了太多。在工资不高的情况下，如果工作很清闲也就罢了，实际上在传媒行业工作的压力非常大，而且工作中看到的事情经常让我久久无法释怀。但是，如果不做这份工作，我就要回去管我爸要钱了。"

她每次说完话后，都会沉默一下，仿佛在回味自己的话语，而并不看着我，这一点和很多来访者一样。

"如果选择接受家人的经济支持，对你来说，就会受到家人意见的影响，甚至叫作控制。"我尝试去理解她的感受。

她感受到了我对她的理解："是的。没有经济自由就没有话语权。我能想象得出，自己如果向老爸要钱他会说什么。他会说，在外面有什么好的，还不如回家，都老大不小了，回家找个人嫁了该有多好。当然，他会说得比较隐晦。"

"听得出，你无论是在北京还是在家乡都有各自的留恋和烦恼。很多时候，生活就是如此。你认为我们今天应该谈论什么样的话题呢？是帮你澄清在不同地方生活的利与弊，还是帮你做出一个初步的选择？"我需要确定一个今天应聚焦的话题。

"我想知道，自己到底在哪里生活会更好。在北京的生活环境不好，工资挣得少，压力还大。可是从大学毕业起，我已经在这里生活10年了。这10年的时间，让我觉得北京比家乡更亲切。"

"那么家乡呢？"我引导她思考另一个选项。

"山好水美，最起码我有依靠那么多年的爸爸。但是，我不喜欢那种被别人关注的感觉。另外，我总是要工作的，回去之后，工作落差会有多大是可以想象的。"

听完她的描述，一般人可能会表示"理解"，其实我们很难理解到别人艰难的处境；也可能对别人的生活指手画脚，按照自己的价值观，把自己的想法强加于人。咨询要做的就是从她的话语中，找到这个人看重的标准、内心珍视的原则，这些我们统称为价值观。只有了解了她的价值观，才能帮助她从"稳定"的陷阱中跳出来。

根据她刚才所说的，我记录下如下内容：

你所看重的标准、原则：
- 良好的生活环境（空气、水）；
- 相对自由的生活状态；
- 工作收入高，相对轻松；
- 工作带来的成就感。

我给她念了一遍，并请她想象一下："如果有这样的一种生活，它不仅能满足你对良好生活环境的需求，生活上也是相对自由的，而且工作收入高，相对轻松。对你来讲，这可以称为理想的生活吗？或者说，还需要补充一些什么？"

"嗯，在一个环境好的地方，有自己喜欢的工作，收入能够养活自己，能满足自己有些格调的生活，又不会有太大压力，我觉得这样就很好了。当然，是工作就会有压力，这个我也清楚。只要压力不太大，我就很知足了。"她闭着双眼，想象着这个理想的生活状态。看着她的神态，我亦感受到了她对于这种生活的憧憬。

"好的，我记得你在表格上写道：今年年底之前必须明确自己何去何从。而理想的生活，可能需要很多年才会实现，这一点你认同吗？"

她点头，表示认同。

"如果想要改变现状，可以从你想要的生活中，做出一点点的改变和尝试。我想请你看一看，如果把这些看重的价值观排一排顺序的话，哪个是你最为看重的？也就是你想要的人生状态中最重要的那个选项是什么？"

她沉默了几分钟，做了深度的思考和感受。虽然只有几分钟，对于她来说仿佛经历了几个世纪。

"相对自由的生活状态。"

"相对自由的生活状态。"

我一字一顿地重复了一遍她的这句话，并用更为平静的声音引导她："为什么相对自由的生活状态对当下的你如此重要？"

让人思考，其最重要的价值和意义在于，可以使焦灼的、被困住的灵魂平静下来，从而找到人生的出口。

"嗯……"她开始思考，这一次似乎比上一次快了一些。但事实上，她思索的绝对时间更漫长了。

"老师，您知道吗？我从上大学开始，到后来到北京，感觉自己像是被推着走的。在大学四年中，我致力于做一名好学生，常年参与社团活动，忙着学习，又忙着实习。之后我读研究生，也没有享受过一天的休息时间，终日忙着给导师打工。我的第一份工作，在别人看来很体面，但是对于我来讲，每天都是煎熬和消耗，干了半年就想辞职。我内心有很多声音出现，有的声音说：'这么好的工作，别人羡慕都来不及呢，你还想辞职？'这像是爸爸说的，小时候他就希望我一生都乖乖地听他的话；还有的声音说：'就你矫情，就你不能承受，工作不都这样吗？'这是我一个闺蜜经常开玩笑说的，我一直记得。所以刚才您问到我这个问题的时候，我头脑中闪现出好多过去的画面。我会觉得：哎，我的内心全是别人对我说话的声音，这不是我自己想要的那种自由。"

平静下来，才能看到内心的指引。

"刚才你描述了很多过去的画面和声音。当你有了这些感受之后，你想要去做些什么？"我已经大致了解了她的期待。

"安静下来。我觉得我需要静下来去思考我的生活,想想我怎样才能不再被别人的想法牵着走。"

看着她欲言又止,我故意停下来看着她,等待她继续说下去。

"说到自由,我头脑中立刻想到了收入的问题。尽管我都快交不起房租了,但我还是个对生活品质有要求的人。"她笑了笑,"我是不是有点儿矫情?"

稍停,她又说道:"然后,我想到了自己的工作,我曾几次因实在不能忍受这种被驱使的感觉而想要辞职,回归自由,但是……"

"但是你还没有可以让自己自由的资本。"此时,我一针见血地把她内心中想说的话说了出来。

"哈哈,是的。没钱还矫情,想要自由又不舍得稳定的生活。"她终于开始面对自己的现状了。

"对,我们谈自由之前,一定先要考虑能够使你自由的资本。既然对于工作和现状如此不满,并且也不愿打破在你看来似乎稳定却无端地消耗你生命的生活,你觉得能够让你自由的资本是什么?"

"是这样的。之前我总是不甘心,一份工作没干多久就跳槽。就因为我的工作积累没有连续性,所以薪酬也上不去……"她自己终于把问题的关键说了出来。

一个人只有面对自己这些年"作"出来的结果,才能从当下出发,开创未来新的人生、新的事业。

"嗯,总算说出实话了。"我笑着看她,她有点儿不好意思,但是也知道我不是在讽刺她,而是为了能让她意识到问题的核心在哪里。"不断地换工作,看似在变动,但如果不甘心在一份工作中努力投入,换了一份工作,继续不甘心，再换一份工作……这个模式事实上是一种执着的状态。你想想，相对自由的资本，应该用什么样的方式获得呢？"

频繁地换工作，频繁地换对象，频繁地更换生活轨迹，看似是一种变化流动的状态。实际上，不经过思考和梳理的变动，其本质是一种逃避行为。

"我应该在一个领域中持续投入，哪怕开始不容易，也要在其中多投入。我不能再用身体健康、环境等作为逃避的借口了……把自己这些年的经历说出来，让我觉得挺艰难的。不过说出来，真的让自己明白了很多道理。"

后来，她又找我做了两次生涯咨询，认识到自己的核心竞争力是在文学创作和这些年积累下来的传媒行业的人脉资源这两方面。之后，她又花了半年多的时间，有意识地培养和练习相关能力，然后，她奔赴他乡，成为一位自由创作者，开始了自己想要的新生活。

在过去的年代，追求稳定生活的想法也许还真有些道理。但在未来的环境中，有两个趋势会逐渐凸显出来，亦会让贪恋稳定的人感觉如履薄冰：

第一，个体之间专业协同合作关系越来越密切，每个人都可以成为所在行业的专业人士、意见领袖。人们立足于自己精深的专业，与他人协作完成更大的目标，彼此之间实现利益最大化。而这一过程，并不需要组织的介入，通过网络就可以实现人际互联。

第二，未来环境中存在着的高度不确定性。组织的生存周期越来越短，个体形式的创业越来越多。

在这样的时代背景下，试图把自己的未来完全交付给一个组织，其想法本身就带有危险性。

请你思考一下：依附于某个组织的固有不变的想法，意味着什么？

你的心是在体制内,还是在体制外

无论在体制内或在体制外,都不起决定作用,真正能影响你的是:你是否还有一颗想要改变的心?

"薛老师,今天来了个'解画'的。"助理在微信里向我汇报,并发了个"偷笑"的表情。

"没事,来吧,我好久没有说梦解画了。"

来者不拒,去者不追,更何况心理咨询行业祖师爷有言:"没有人能保守秘密,即使双唇紧闭,他的指尖也会说话,每个毛孔都泄露着秘密。"

10分钟后,来访者到了咨询室。

"老师,这是我之前在一个心理沙龙里画的画,那里的老师没有给出解释。我想了好久,也不知道这些代表什么意思。"

一张A4白纸中间用一个圆框住了中间的一片空间,地面是用翠绿翠绿的颜色涂成的鲜艳的草坪,旁边的树也是一片艳丽的绿色。简单的房子,就如同"房树人"测试(注:房树人测试是一种心理投射测试,要求来访者在一张白纸上画出房子、树木和人,然后进行心理分析的一项技术)要求的一样。人呢?仔细一看,原来在树底下倚靠着一个小小的黑色"火柴人"(注:火柴人是指用最简单的笔触画出来的人物简笔像,在心理意义上一般代表一个人的自我感较低)。

看到这张画,一种不真实的感受迎面而来,因为一切看上去像是修饰过的样子。

"既然你愿意让我来帮助你,那我就要让你原形毕露。"我在心里打定了主意。

"我们来做一个想象如何?我们把这张画转变为一个场景,你就置身于其中,我们针对这个情景对对话,我问你答,也许从中可以了解和分析出你心中的信息,好吗?"

"好,听起来很有趣。"女孩子答应得很痛快。

"请你先想象一下:在一片翠绿的草坪上,有房子,有一棵茂盛的大树,大树旁边倚靠着一个人。"

女孩子自然地闭上了眼睛,慢慢放松了自己。

"这时太阳高照,暖暖的阳光洒下来,一切都非常舒适……慢慢地,太阳被乌云遮盖,天空开始阴云密布,转眼间,一些雨点掉落下来。"

虽然闭着眼,但看得出她的眼球在微微转动,我知道她已经在想象这个画面了。我继续说道:"雨越下越大,洗刷着一切,让世界露出本来的样子……你会看到什么样的情景变化?"

说完,我静静地等待她的回答。

"我看到水位在变高。"

"水位变高了,会淹到这个人吗?"

"会,水已经淹到这个人的膝盖了。"她用手稍微示意了一下。

"嗯,雨还在继续下,水位仍然会升高……你看到了什么?"

"水已经到了这个人的下巴,她站起来了。"

"嗯,雨还在下,这个人会被淹到吗?"

"不会,她浮起来了……"

"她会游泳吗?"

"不,她只是漂浮在水面上,随着水流随意地漂到其他地方。"

"嗯,她随着水流漂到其他地方。那么,这个人是什么样的状态呢?"

"很自由,很舒服,随意地漂着。"

"很自由地漂着,不会感觉到害怕吗?"

"不会,想去哪里就去哪里,很舒服。"

"很好……"到此,我已获知了想要的内容,于是让她停止想象。"好,现在从想象中慢慢回到现实,当我数到1的时候,你可以睁开眼睛。3,2,1……"

看到她渐渐地回过神,回到现实中后,我询问道:"怎么样?现在有什么样的感受?"

"老师,我真想多在那个画面里待一会啊,我好久没享受到那么自由和舒服的感觉了。"从她的声音中,我能感觉到她像个小孩子一样开心,同时又有点儿责怪我的意思。

"也许是因为现实无法满足你这种需要自由的感受。"我直接把我发现的问题抛给她。事实上,从画面到她的整个想象中,我都意识到了,这个小火柴人就是那个没有认同感的她。她的身上无一点儿生动的气息,在整个画面中基本上可以被忽略掉,与其说是倚靠在树边,不如说是被束缚在那里,不能动弹。

"对!我感觉自己现在的生活过得好压抑,一点儿都不自由。"她仿佛遇到了知音。

"你就如同想象中的那个人,想要随着水流自由地漂着。"既然用了感性的方式去探索画面在内心的投影,也需要用感性的方式去连接现实生活中的需求与她想象中的画面。

"是的,如果能和那个人一样,随意地漂就好了。"

现在,有必要将她从抽象隐晦的隐喻中拉回到现实生活的改变中来了。

"咱们谈一谈现实环境吧。你所理解的自由是什么呢?"我问她。

"就是那种想要什么就有什么、想去哪里就可以去哪里的生活。"

"可以具体说说吗?"

"比如,前段时间我看到别人买的包特别好,也想要买同样的;上次和朋友一起去郊游,看到人家用的单反相机特别好,我也想有一个单反相机,可以把自己拍得特好看。"

那一刻,我险些问她:"你咋不上天呢,这位仙女?"

时机不到,还是换个问法吧。尤其是对那些内心仍不成熟的"小朋友",刺激策略恐怕会起反作用。

"假设你的金钱足够多了,你想要的东西都有了,就可以称之为自由了?"我温和地问她。

"起码我的心情会好很多。我现在手里没钱,不能出去游玩,下班后只能宅在家里。"

"我能不能这么理解,对于你来讲,如果赚到了更多的钱,自由的感觉就会增加一些?"借着总结她的话语,我把咨询的大幕徐徐地拉开。

"是的。老师,心理咨询也能解决赚钱这件事?"

"我们试试看。"我冲她笑了笑。

"目前,你维持生计所需金钱的主要来源是什么?"我把话题聚焦于金钱上,希望通过此话题帮助她认识到自己思维的局限性。

"我目前在事业单位工作,很稳定,旱涝保收。"她说得很不经意。人一旦被问题困住，思维就会变得稳定，甚至僵化，其实并不是没有外在的资源，而是认为自己没有办法获得外在的资源。

"除此之外，你还有哪些获得收入的渠道？"明知这个问题的答案是什么，我还要这么问，意在为后面的问题做铺垫。

"哎……能有什么渠道……要有就去利用了。"她显得有点儿不耐烦，也许心里在想：老师，你怎么回事啊……

"你是否意识到……"我停顿了一下，"一方面你期待有更多的收入，另一方面你觉得8小时工作以外的时间里根本没有机会获得更多的金钱。我很好奇，你认为自己是一个能获得更多财富和价值的人，还是只把自己界定为一位在事业单位稳定工作的人？"

前半句话，我表现得漫不经心，而从"你认为自己是……"这句话开始，我目光灼灼地看着她，边问她心里边想：真正限制你无法获得更多财富的原因，到底是你的能力，还是你对于自己身份的种种限制？

我注视她良久，看她想了又想。

"老师，您说得对。5年了，我已经习惯这个角色了，总是抱着背靠大树好乘凉的心态。"她感叹道，"周围的人和我一样，所以我一点儿都没有察觉到自己的问题。您今天如果不点醒我，我还真的以为自己挺好的。"

"我喜欢你很自然说到的'背靠大树好乘凉'。"我指了指桌子上的那幅画，笑了起来，她也跟着笑了起来。

"你现在可以看出她心中的忧伤和压抑了吧？"我指着画中那个没有自我形象、没有个性，完全像是一个符号的火柴人。

"是，我能理解。我就是她，只有在幻想中，我才会随着水流到处漂。"

"假设在现实中，她早已经被自己的限制淹死了。"我说出她内心的感受。

"世界那么大，为什么不出去走走呢？"她喃喃自语。

"到了这一步，你希望我怎样帮助你呢？"这句话里的暗示，我想她一定能明白，那就是：只有你真正期待改变的发生，改变才会来到你的身边。限制我们获得自由的最初原因往往是经济上的不自由，而无法让自己获得经济自由的原因往往是我们没有精神上的自由——一种允许自己突破固有思维，主动寻求资源的能力。

"老师，我基本上知道要怎么做了。不过，我还是要问问您，您还会带给我什么样的思考？"她问我。

"在你周围，有没有和你一样，受制于稳定的工作，但又找到可以增加收入，进而实现更大自由的榜样？"榜样一定存在于现实环境中，只不过人们在心境没有转变之前，是不会想到它的。

她笑着说："您还别说，我突然想到我家里的一个远房亲戚。她是个高校老师，工作稳定。她酷爱面点，大晚上的教学生怎么做面点，能把馍馍捏成各种花样，特别有意思。她带出来的徒弟，在当地开办了多家独特的面点房，顾客盈门。她都成了宗师了……"

后现代心理咨询大师米尔顿·埃里克森说过："人们已经拥有了改变现状的一切资源。"当来访者在解开自身的思维限制之后，就可以结合他生命中的经验，找到最适合他的榜样，并从中汲取强大的生命力，从而开启自己想要的人生。

"看来，你已经在思考什么样的人是你的榜样了。你一定会选择怎么去改变，并且让它慢慢发生。"

你是否听说过一位名叫约瑟夫·坎贝尔的西方牛人，他指导过很多名人，是他们的师傅。这些名人包括史蒂夫·乔布斯、迈克尔·杰克逊、乔治·卢卡斯、斯皮尔伯格等。坎贝尔教他们什么呢？坎贝尔教他们如何成为英雄。

坎贝尔认为："英雄就是能够战胜个人的和当地历史局限性的男人或女人。"他们视常规、习惯、约定俗成为一种桎梏，他们可以发现自己以及很多人受到的限制，因此他们想要突破稳定的生活，为自己以及更多的人创造新的可能性。无论最终成功与否，挑战原有稳定僵化的状态，并开始行动，他就已经成为创业者了。

因此，创业的开始，并不在于你有多少资金，也不在于你有没有机会。创业是一门关乎于你内心的学问。创业是否开始，取决于你是否还有一颗想要改变现状、追求自由的心。

所以，即便你在体制内，你仍然可以选择用更有创造性的方式改变你的生活。

记得有一次，我在某地给高校老师做了 3 天的创业课程培训，教室的后面一直有一位西装革履的男士在非常认真地旁听课程。最后一天下课后，这位先生走过来，自我介绍说他是当地政府的官员，很想和我聊一聊有关他们当地创业政策的设想。

"薛老师，我现在主要负责我们市的创新创业扶持工作。根据本市的情况，我们打算主推一个叫'银发创业'的项目，即老年人退休后的创业项目。"

我对这个思路有些惊诧。从一般意义上来讲，老年人都要颐养天年了，哪里还有心思去创业？于是我问他："虽然在国外有类似的做法，不过我还是挺好奇，在中国这种'老有所养，老有所乐'的文化之下，您的想法来源于哪里呢？"

"我们这儿是旅游城市，好多居民不是本地人，是来这里养老的。我们通过调查发现，大部分来养老者并非特别老，他们当中大多数人仅 60 岁左右。他们不想无所事事,再者总闲着也不舒服。另外,这些人中有很多人来自于北上广这样的大城市,把一些新鲜的想法和理念带了过来。还有,他们原来在自己的城市,甚至在国外,事业做得都比较成功,有各种丰富的经验。因此,我们觉得这个项目天时、地利、人和都具备了。

"不瞒您说,我家旁边几家新开的饭店就是这样的老年人开的。他们不完全是为了赚钱,因为他们本身就是有钱人。他们开饭店只是为了广交朋友。他们的经营理念和服务比我们当地的饭店更先进、更优质。这引发了我的思考,同时也想请教一下您的看法。"

这位官员有着非常清晰的头脑和敏锐的市场洞察力,他的坦诚也让我颇为感动。

他接着说:"说实话,在国外,银发创业不算是主流。听了您几天的课,我有了一种很踏实的感觉,因为这个项目让当地的老年人从中获了益,正好满足了他们的需求。我对于这个项目的信心来源于您对于如何创业所做的理性客观的分析,以及自己想要改变当地一些现状的决心。从某种意义上说,您也是创业者。"

创业,与体制内外无关;

创业,与金钱多少无关;

创业,与年龄高低无关;

创业是一门心理学,关键就在于你怎么看待你的人生。

如果你想成为自己的英雄,并为之做好了准备,就迈开步伐,义无反顾地踏上你的英雄之旅吧。

创业心理工具 2：英雄之旅

这是一个想象引导的活动。活动时，需要找一个安静的环境，让身心放松。你可以在观看指导语后，积极地去想象；也可以找一位朋友，让他慢慢念诵指导语，助你展开想象。

【指导语】

邀请你闭上眼睛，和我一起去想象，想象自己处于一片黑暗之中，周围充满了未知和不确定性。你也许会有些担心或害怕，或者抱有一种对不确定性的好奇心，甚至是刺激感。

过了一会，在想象的黑暗中的某个方向，出现了一点儿微光。微光本身像是一种指引，指引出你前进的方向和道路，那里有你想要的东西。你可以想一想，微光引导之处有什么是你想要的？也许是一些实质的东西，比如金钱，比如某个你特别想要得到的物品；也有可能是一些抽象的概念，比如幸福、成就、别人的肯定；甚至是一些让你觉得很离奇的东西。你只需凭借自己的感受，想一想微光引导之处，究竟什么在指引着你走出黑暗？

迎着微光指引的方向，你踏上了冒险之旅。由于微光还很小，它并不能照亮整个道路。一路上，你只能依靠摸索和尝试前行。你可能会遇到帮助，也可能会遇到险阻。请你感受一下，在这样的冒险之旅中，你会遇到哪些险阻？又可能会遇到哪些帮助？这一切的想象可能是具体的，也可能是抽象的，只要想到就行，一切想象都是可以的。

慢慢地，你会看到微光离你越来越近，越来越明亮，原先的一切不确定、紧张、担心，都慢慢变得清晰、明确。同时，你也会越发从容。当你融入微光中时，你会看到想要的东西就在面前。有可能这个东西就是你之前所期待的，也有可能是你到了它面前才发现，原来它是一个你没有预料到的东西。无论如何，你通过你的冒险和行动获得了一份宝贵的东西。现在请你明确，你最终得到了什么？

最后，由于你的收获，你也从原来不确定的冒险者，转变成为有所成就的人。此时，我想邀请你作为原先的冒险者，结合你所获得的东西和这一段历程，给自己一个新的称呼？当你得到了这一切之后，你周围的人会认可你是一个什么样的角色呢？

想到这里，再慢慢地让自己回到现实，"3，2，1"，然后睁开眼睛，动一动自己的身体，恢复一下意识。

请你思考：
- 面对不确定性时，你的感受是什么样的？
- 在微光中，你看到自己想要的东西是什么？
- 在冒险的过程中，你遇到了什么样的险阻？
- 在冒险的过程中，又有哪些人/事/物帮助你摆脱险境？
- 最终你从光中获得了什么？
- 进而，你成为什么样的新角色？

面对不确定性时，大部分人的感受是恐惧、紧张，这也就是为什么创业之旅是一条少有人走的路。人们倾向于选择更有掌控感的生活。但是，面对未来不确定的人生，怎么去做才能真正地拥有掌控感呢？

你会发现，你越期待环境给予你安全感，你对自己的掌控感就越低；反之，越把自己投入不确定中去拼搏的人，对自己的掌控感就越强，这就是人们所说的："人生最大的冒险就是不冒险。"

虽然在这样的想象中，所有的险阻和帮助都是想象出来的，但是你会发现这些想象在未来是有可能真实发生的。这些险阻可能来源于执行过程、来源于展示给别人的计划，也有可能来源于突破发展现状，还有可能来源于团队的沟通……我们内心比任何人都懂得我们自己。

只要你持续行动，最终你将获得想要的成就，进而变成更好的人。敢于突破现状，持续成长，让自己的生命流动起来的人，最终将抵达成功的彼岸。

第三章
内心动力评估，走出坚实的第一步

如果你真的准备改变现在的生活，那么驱使你改变的动力是什么？

这些动力是否经过了审慎的思考和理性的评估？若是没有经过评估，甚至仅仅是一种情绪上的冲动，那它就具有一定的危险性。

只有清楚地知道自己在哪里，想要去哪里，准备好了再上路，才能迈出坚实的第一步。

迷失在时间上的舞者

你现在处于人生的哪个阶段？在这个阶段，你要做什么？你又为下一个阶段准备了什么？

"叫我 Angela 好了。"下午的咨询结束后，一位"不速之客"来到咨询室，"我想看看我的人生，但我只想聊这一次。"

这样的情况并不常见，一般来访者都会通过电话、网络或者其他形式预约，确定好咨询时间后再来。今天的来访者仿佛想要掌控一切。

没有中文名字，没有年龄，没有咨询目的。当她告诉我想要"看看她的人生"时，我并没有理解她所谓的"看看人生"是指什么。当然，我看到了这位叫作 Angela 的女孩。哦，不，也许是女士，约莫 30 多岁，修长的身材，一身丝质衣裙，飘然如仙女下凡，考究又清新脱俗。如此地主动前来并二话不说就付费，表明其经济条件是优越的。

第三章 内心动力评估，走出坚实的第一步

"你好，Angela。在这50分钟里，你希望聊一聊你的人生，看来我需要先听你说一说了，"我边说边耸耸肩，"因为我确实对你一无所知。"虽然她是中国人，但也许更接受英语国家的一些做法。

"我先问你，你觉得我好看吗？"

突如其来的一句话，令我惊诧不已。那一刻，我尽可能地克制住马上就要抽搐的面部神经。

"不可否认，"我调整了一下呼吸，"在我看来你很美。如果不是在咨询室而是在大街上，我可能会回头多看你好几眼。"

我告诉自己，请保持真诚。

"嗯……你过关了。"她看着我，把抬高的下巴收了收，"我在美国咨询的时候，无论男女咨询师，都被我这个问题问倒了，他们都在问我'你希望我能够给你什么样的答案'。呵，如果我自己知道答案，还找你干什么。"

天啊，这个飘飘然的"仙女"背后是满满的怨气，我陡然间感觉到了一股诡异的气息。

"Angela，既然我们只有50分钟的时间，而且你说要聊聊你的人生，你介意先说一说你的人生吗？"

我想自己已经足够真诚了，若再要探讨下去，我可能就要问一问她为什么这么在意我对她外貌的评价了。

"老师你先别急，时间是我的，我知道咨询截止的时间。我的人生，和我的美直接有关。"她摆了摆手，言外之意是由她来掌控时间。

"很多年前，我大学毕业后在美国百老汇做舞者，我觉得这就足以把我前面的人生全部概括了。"

她停了一下，看看我，继续说："当然，我也会很好地利用我的美。我

的美对男人来说是一件幸事。你知道吗？我一直以为美国的人际关系相对简单，没有那么复杂，靠实力就可以。其实到头来，还是我的美更有用一些。"

不知为什么，"红颜祸水"4个字一直在我的头脑中盘旋。

"开始做舞者的人都很穷，国内国外都一样，因为事业起步时没有人认识你。在老同学的帮助下，我参加了一些演出活动，勉强能养活自己，这就很不错了。无以为报，只好以身相许。还是那句话：'跳得再好，不如长得好。'"

我听着，记录下了这句话："跳得再好，不如长得好。"

"后来，通过参加演出让别人见识到了我的水平，我的名气越来越大。我有一群很好的朋友，或者说是通过一群朋友认识的另一群朋友。工作以外，我们会到世界各地游玩。很多男孩子追求我，我会跟看着帅气的男孩子谈一谈恋爱。跳舞很累，我们就彼此填补寂寞。这一点，你懂吗？"

我看看她，微微点了点头："通过身体来填补彼此的寂寞。"

"对，那感觉就像是玩过山车。没有开车之前，很期待，迂回一段时间，爬到最高点，再一下子冲下来……然后，然后就是无尽的空虚……说不清，也许还有期待，也许是更大的空虚。"

岂止是你，所有那些试图通过身体来填补空虚和寂寞的城市男女们，又何尝不是这样的感受呢？

"后来……我老了。"她叹了口气，"老师，你知道我今年多大岁数吗？"

一个很会诱惑别人的人，会习惯于用各种方式抛出一些"问题"，鼓励你上钩，这时最好的办法就是保持有觉察的真诚。

"你进来的时候，我也在猜测。看起来大概30岁左右吧。不过，你既然这么问，应该不是这个年龄。"

"呵呵，你又答对了。我遇到他的时候是 31 岁……"

"看来你生命中一个重要的角色要登场了。"我试探性地说。

"是的，但是不急，我要慢慢揭晓答案。"

接着，她安静了下来。看得出，她的内心经历了一番挣扎。之后，她告诉我："我今年 48 岁了。"

无论是作为咨询师的我，还是作为一个听故事的人，听到答案的那一刻，都会觉得很震惊。48 岁的年龄和对面的这个女孩——哦，不，女人，让人无论如何也难以联系到一起。

"你若不信，我可以给你看我的证件。有趣吧？我很少和别人说起我的年龄，前两天在三里屯，还有好几个小男孩找我搭讪，要我电话号码呢。"

说到这里，她自然地兴奋起来。

"在我看来，你好像还蛮享受这种与年龄不相仿的年轻貌美的感觉。"我觉得需要在适当的时候"刺激"一下她。

"你们咨询师都很喜欢刺激别人吗？我最开始说过，因为我的美，我忍受了一次又一次的空虚和寂寞！也正是因为美，我这十几年都过得不快乐！"

"那你先说一说最近这十几年吧，这听起来很重要。"

"对，这很重要。如果没有他，我现在会怎么样呢？也许会继续沉醉于纽约大都市的声色犬马之中，也许已经死在一次次的疯狂聚会之中，也许找了个美国人嫁了。但就是因为他，我回国了……开始了我的痛苦。"她从愤怒的表达慢慢变成了喃喃自语。

"17 年前，我在一次朋友的聚会中遇到了他。那是在法国的一个酒庄，整个酒庄都是他的，他是中国人，当时很多法国酒庄都是中国人开的。"她继续说,"那一天我们聊得特别开心,他给我讲他出海的故事。那个故事就像是《老人与海》一样。我觉得他是个勇士,不像我以前遇到的那些轻佻、浮夸、没有内涵的男演员。他很绅士,有渊博的知识。他离过一次婚,有一个女儿,我那时觉得这些都不重要,我已经30岁了,能和他在一起就够了。我漂泊太久,不想再让自己空虚下去了。"

"他也很喜欢你?"

"是的。其实他是否喜欢我,这并不重要,因为他太不一样了。最开始我以为他无非就是个有钱的阔少,是个胸无大志的纨绔子弟。后来,我才发现他不是那样的人。当晚他就说想带我出海,带我去冒险。这听起来太激动人心了。"

"然后发生了什么?"

"然后我做了决定,放弃我的事业,就是那个让我重复空虚的事业。我觉得他拯救了我。不到一个月,我们就结婚了……他带领他的船员去北欧捕鱼,我们就在那里举行的婚礼。"

这时,她好像想起什么似的,看了看表,话锋一转:"然而短暂浪漫的婚礼旅行之后,生活却变得一团糟。简单来说,经过3年的时间,我努力接受了他的孩子;在第5年时,我发现他有了别的女人,她比我年轻。我闹过,也吵过。在后面的这8年时间里,我基本没有见过他。因为怕影响家族的声誉,他没有与我离婚,但是一直不见我,就这样到现在。我想过离婚,但是如果离婚,我分不到一分钱财产,因为我们婚前签过协议。真不知道我当年是怎么想的。只要不离婚,我做什么他都不管,除了不能败坏他的名声。好了,为了节省时间,我尽量说得更简单些,其实我不想说这些。"

我看着她,重新审视她,她的美就像是凝固了一般。她像是使劲憋了一口气，然后说出这么一句："只有美丽，我才能得到这一切。"

看着咨询记录上的"跳得再好，不如长得好"，我问她："听了你最近这十几年的人生际遇，面对着家庭成员的不接纳，老公的背叛和失踪，我能感受到一个女人身心憔悴的画面。然而，你还是很美地出现在了这里，出现在我的面前。回到我们最开始讨论的话题，美对你意味着什么？"

"我知道你想要我说什么？"

"那你说说看。"

"无非是，你觉得我一生都毁在美上了。"

"你认同吗？"我盯着她，仿佛要把她的真身盯出来一样。

沉默良久，她说："当你这么问的时候，我脑海中想起了我原来跳苏菲旋转舞时的画面。"

"多说一些。"

"那是上大学时的事了。我和几个同学在土耳其旅行时，去了一家专门教神秘舞蹈的地方，体验苏菲旋转。指导老师说，不停地旋转代表你对爱人无尽的爱。在旋转中，你可以感受到时空似乎停滞了。那时，我感受到了时空在我的旋转中停了下来，我不会因时空而衰老。"

"所以，你做了很多事，让自己看上去一直很年轻。"

"是，我不想让自己衰老下去，我要保持美丽的状态。"

"你现在问问自己的内心，即便你现在很美，我刚才也很真诚、很直接地表达了对你美丽的赞美，但你的人生变好了吗？"

"我知道你想要我说什么，我知道你想要我说什么……"她喃喃自语，想要守住自己的最后一道防线，想要让自己凝固的美多停留一会。

那太疼了，那太难了，她守了这么多年的僵化的美，在一点点剥离，一点点脱落……

"你能再说点儿什么吗？"她看着我，流露出无助的神情。我知道，在她的内心深处，有些执着的东西正在轰然倒塌。

"你可以选择一直美下去，但是要知道你为何而美；你可以选择17年前和他结婚，但是你要知道你们婚姻的基础是什么。在我看来，把自己的一生幸福在如此短的时间内就交付给一个不知根、不知底的人本身就是一件疯狂的事。不了解自己为何而爱，不了解对方为何爱你，怎敢让自己去冒险呢？"

她失神地看着我，面容上那如同被蜡禁锢的青春活力，在消失，而且消失得很快。

"如果美对于你已经是负担，尤其在这个年龄，我相信你为了尽可能保持青春少女般的美，一定吃了很多苦头吧。"

她默默地点头。

"如果你允许自己的生命活力流动起来，而不再与不相称的年龄死扛，你的人生会有哪些新的可能？"

她的眼角默默地流出两行热泪，一个始终保持仪态的人，很难允许自己如此失态。

几分钟后，时间到了。

"谢谢你，老师，我想再说最后一句话。"她用纸巾擦去眼角的泪，动作很优雅。

"在我们没有说话的时候，我一直在流泪。而在我的心里，有一位老太太，她是一位舞者，她一直在坚强地跳着舞蹈，是现代舞。我可以清晰地看到她那布满了皱纹和老年斑的胳膊，在黑暗里、在追光灯下舞动着。"

如果一个人努力保持美丽是为了内心某种固执的情结，因此久久不能释怀，你认为那个"美"是自然美好的吗？

什么是美？当所有人都感叹她好美、羡慕她嫁入好家庭时，她期待的却是有爱自己的人，有自己幸福的家庭，有自己自由的灵魂……20岁的人，有20岁的青春；30岁的人，有30岁的朝气；40岁的人，有40岁的成熟；50岁的人，有50岁的平和……美丽来源于不同年龄背景下的健康。而这一切的外在境界，都是我们的内心营造的。

你现在处于人生的哪个阶段？你要在这个阶段做什么？为了下一个阶段，你准备了什么？

著名生涯大师唐纳德·舒伯对于人们的生命周期提出了自己的看法：

4~15岁，梦想期。处在这个时期的人应该尽可能地实现：现实中，建立良好的习惯，包括生活习惯、学习习惯、愿意在社会中与人交往的习惯、情绪表达与感知的习惯等；心理上，建立对于未来的希望和梦想。

15~25岁，探索期。处在这个时期的人应该尽可能地实现：现实中，探索自己感兴趣的生活和事业，也就是说，需要不断地去体验、去感受各种各样的生活，要去折腾；心理上，通过一段时间的探索，大致明确自己未来的方向和生活方式，包括"我想要找个什么样的对象""我想要什么样的工作""我想要什么样的住房、家居摆设"等。梦想只有通过尝试才能变得越发清晰，进而产生一种坚定的感受。

25~45岁，建立期。处在这个时期的人应该尽可能地实现：现实中，把自己想要的未来通过聚焦的行动和努力去建立起来，创造出自己的人生事业，大部分的人都在这个阶段成家、立业、孕育未来，因为他们知道自己想要什么；心理上，这个时期的人，通过创建自己的事业，会获得一定的成就感和满足感，他们在某个领域有一定的话语权和影响力，如在某个行业成为权威，或者在自己的家庭中成为主要成员（丈夫/妻子）。

45~65岁，维持期。处在这个时期的人应该尽可能地实现：现实中，稳固并维持自己的事业，一方面把自己毕生所知所学传授于后代，另一方面又要避免后人动摇其身份地位；在心理上，他不仅感受到了成就感，也会感受到自己的一切有了传承。这种传承感不仅仅是生个孩子这样简单，而是自己生命中的一切有形或无形的元素都得到了他人的重视，并在世间留下了自己的"声音"。

65岁以上，退出期。处在这个时期的人应该尽可能地实现：现实中，准备颐养天年，发掘事业以外的兴趣爱好，如养花、遛鸟等。总之，让自己放松下来。心理上，偶尔回顾一下自己的人生，从中引发出"圆满"的感受，便是理想的人生了。

当人们在某个阶段，没有做好该做的事情时，焦虑和冲突则是必然的了。

如果在梦想期，自己的梦想被压制，活在别人的声音里，未来的人生往往是没有动力、麻木虚弱的。

如果在探索期，没有因尝试而产生坚定感，未来的人生往往是心猿意马、左右摇摆的。

如果在建立期，没有通过行动而建立事业，无论是对自己的期待，还是与别人对比，体验到的往往都是挫败感。

如果在维持期，没有把自己的人生智慧和感悟传承出去，往往会体验到一种"无子无嗣"的虚无感。

如果在退出期，没有找到让自己颐养天年的方式，回顾自己的一生，难免会有一种失意感。

从时间的意义上来讲，改变的动力来历于你知道现在应该为未来做些什么？

想要休学创业的女博士

创业，是你的原始动力，还是你逃避现实的借口？

坐在我面前的这位女博士，人生经历的沧桑似乎都写在了她那拧在一起的眉毛上。

"老师，我们开门见山吧。我读书读到现在这种程度，从内心来讲，我不想退学，因为那样会前功尽弃，但是我现在实在是读不下去了。我想休学创业。"

这位重点院校、高精尖专业的博士，表达得理性又直接，几句话基本上就把背景给交代清楚了。

看她这么着急，我也就直接切入主题了。

"想创业，学校有政策支持啊。我想知道你为什么来我这边做创业咨询，而不是去旁边房间去办理相关手续呢？"我指指旁边的就业创业指导中心的办公室。

她狡黠地笑了："看来还是逃不过您的火眼金睛。是啊，我要是真的想去，就应该直接去那办手续了。我还是纠结……"

"说来听听吧，怎么好端端地却想起要休学创业了？"

"按说读到博士的人应该是很理性的，可是在人际关系方面，我就是没办法理性处理。从小我就有个'噩梦'。"

于是，她给我讲了一个典型的中国农村孩子的奋斗史。这个女孩子从小就不被家人重视，只好靠努力学习去赢得别人的关注。但是在一个不尊重教育的地方，学习再好能有什么用？小时候不管她学习怎么好，家人都会说："分数能当饭吃？看看人家给家里干了多少农活？你天天就知道读书，读书有个啥用……"后来，她参加高考并金榜题名，然后离开家乡，来到了大城市。寒暑假回家之际，父亲对她唠叨："看看人家，大规模地养猪，带着村里人致富呢。"父亲或许是老了，言辞不再那么刺激人，但是在伴随着父亲的唠叨和叹息，她心里有一种说不清的滋味。

"今年春节我回到老家，我爹在吃年夜饭那天唠叨说，他看到人家的子女结婚生子，心里很难受。然后和我发脾气说，你看看人家养猪赚了钱，娶了漂亮的媳妇。当初让你读这么多年书，就算现在不赚大钱，你起码给家里领回来一个男人啊。听他那么说，我心里也很难受，就和他吵了一架。之后，我越想越生气，过了大年初一就回学校了。临行前，我娘劝我说，你就找个（男）人回来呗。我学了这么多知识，去创业，或找一个男人嫁了，还不是很容易的事吗？！"

听着她连珠炮似的描述，我想，还是先帮这位博士同学把思路整理得更清晰、理性一些吧。

"可惜，学了这么多年，你学的不是如何创业和找男人。"

学的知识再多，如果思维混乱，只能"棒喝"。

"老师，你这未免太狠了吧……"

"不狠，你还在自己的想法里跳不出来呢！我来问你，你父亲这么说你是第一次还是一直这样？"

"一直如此，从小到大都这样……"

"好的，我明白了。"我适时打断她，咨询进程需要推进，"你以前总是选择忍气吞声，想用高学历来证明给父亲看。同样的话，为什么现在会让你如此激动，甚至准备休学创业呢？"

在她思考的一瞬间，我及时补上"一刀"。"你进来20分钟了，我还没听到你关于创业项目是什么、如何去做、团队在哪里等信息。你还是先想想吧，自己来是干什么的？"

如同一台正在超负荷运转的机器，被人按下了限速钮，终于放慢了运转速度，节奏回归到正常。

"我是来咨询关于创业的事情的。说实话，创业，我也就是说说吧，要是真做起买卖来，就连和别人讨价还价这样的小事，我都做不好……"

"如果不是创业的问题，你到我这里来，需要解决的是什么问题呢？"

"老师，被你这么一说，我觉得是心理问题。"

"那么，就说一说你所谓的'心理问题'。"

"您刚才问我为什么这次被我爹刺激到了，这句话让我想了好久。虽然他们每次讽刺我，我都不认可，但是我自己知道，我确实应该找对象了，自己老大不小了，总不能还是一个人回家，挨我爹数落吧。同时，也该把学到的课本知识转化成现实价值了。"

"你被父亲数落了多年，终于意识到自己需要面对的问题了。"我微笑地对她说。她的表情略显尴尬，而后逐渐明朗起来。

"不要拿创业这件事当借口，如果创业是一个活生生的人，他也会觉得自己挺无辜的。"

"哈哈,是啊。自己的事情还是要自己面对。"

别把创业当借口,尤其在这个"大众创业、万众创新"的时代。即便政策鼓励你创业,你也要冷静思考:自己适合不适合创业?创业可以助我实现什么样的人生目标?

你是基于现实,努力做出改变,还是把创业当作借口,去逃避现实呢?

总结以往的个案,最常见的用创业作为借口来逃避现实的情况有:

1. 用"我不感兴趣"来逃避技能提升。

"我觉得现在的工作太无聊了。你看那些正在创业的人,都是激情满满地做着自己喜爱的事情。"就算你知道自己喜欢什么,你能做得足够好吗?而且,你应该去了解一下创业者的真实生活。实际上,大部分创业者正在做的许多事情并非自己喜欢而是不得不做的。

在现实环境中,人们不会为你的兴趣埋单,只会为你的水平和能力埋单,不要让"我不感兴趣"成为你因能力不足而产生挫败感之后逃避现实的借口。

2. 用"我不擅长"来逃避现状。

如果用"我不感兴趣"为借口逃避的是自己的主观意愿,那么"我不擅长"的借口往往是用来逃避现实的压力和挑战的。

很多刚入职场的来访者常常说自己不擅长做事务性工作,不擅长做基础工作。我常常这样问他们:"在今天,你还有别的选择吗?"一般情况下,对方闻听此言就都蔫了。面对现实的压力和挑战,有的人习惯于用幻想的方式去逃避，觉得自己是做大事的，不甘于从基础工作做起。

就算你在创业，你以为"事务性工作""基础工作"就可以不做了吗？当你想要通过在公共号上发表文章来宣传自己的时候，你需要自己检查文字的正误；当你处理银行财务事宜之时，你需要自己出去跑腿；如果在工商、税务等方面遇到问题，还不是需要作为法人的你忙前忙后？

3. 用"我不适合当员工"来逃避人际关系。

有些人创业是因为"我讨厌我的领导""我不适合被别人管着，我要去给别人当领导"。

我对此颇为好奇：办公室那几个人你都搞不定，出去创业面对更大的世界里的更多的人，你从哪里来的自信，认为自己可以搞定他们呢？

选择创业就可以颐指气使地做领导，这是一种不切实际的幻想。曾经有位来访者，以为创业就可以不受学校限制，不用老师管了，终于可以过上"山大王"的生活了。当我说出"你可以自封山大王，但是人家凭什么听你的"这句话时，那位同学竟无言以对。

不会处理人际关系的人，大都不愿意去面对当下的困境，总觉得换个环境一切都会好起来。事实是，只要你不变化，你的关系就会一直如此。那些有"受害者情结"（总觉得别人都欺负他，伤害他）的人到哪里都是受伤害的；那些总是习惯攻击别人的人到哪里说话都带刺。这些问题不经过长时间的自我梳理和心理训练，是不会一下子变好的。

另外，创业公司中的人际关系与其说是一个领导带领群众"翻身农奴把歌唱"，不如称之为"特种专家的野战团队"。没有所谓明确的上下级关系，很多创业老板天天被合伙人训，和员工争得面红耳赤。如果普通的职场环境都让你无法容忍，真要去创业，你认为自己是一个可以常年被员工数落的老板吗？

4. 用"我想要追求自由"来逃避责任。

"现在工作太不自由了,我想要追求自由。"

亲爱的,自由与责任永远是对等的。当你想要享受更加充分的身心自由时,你是否承担了同等的责任呢?

总有一些来访者,可能是因为看多了励志电视剧,喝"鸡汤"喝得太撑了,常年崇拜大企业家们的自由生活。事实上,到底有多少创业者在创业初期可以享受到这些自由呢?我见过的创业者,每周工作时间往往是18小时乘以7天。当问到一些创业者"你怎么看待自由"时,有人回答说:"自由只是让自己不倒下来的幻觉。"这是最让我有感触的回答。

如果你选择创业,人身、时间上的自由,一定会比打工还要少;精神、内心的自由,也许还是会有一些的。这也是我能够提供的最为理性客观的描述了。

就业是为了更好地创业

创业和就业并不是非此即彼,就业可以为未来创业积累资源和经验,而创业则可以提升以后的就业能力。

来访者,21岁,大学三年级学生。

"老师,我想明确一下,我到底要不要创业?"

"好的。可以多说一些你的背景信息吗?"

"其实,我是来咨询职业规划的,但来了之后发现,我最需要的是确定自己到底要不要创业。之前我做微商，专门卖高仿的那种运动鞋，两个月前，这家微商鞋店倒闭了。在办这个鞋店期间，我就越来越觉得自己做得没有意思，有时就怀疑是不是自己的兴趣点不在卖鞋上了。"

"嗯，这就是你上次在职业测评中显示的结果。"在来之前，他曾经通过网络平台测试了自己的职业特质类型。

"对，我发现我的兴趣点还是在销售方面。回想这一年，我发现自己的问题在于总想逃避应该去做的事情。自己从上大学到现在为止的经历及积累的经验主要还是经商方面的，即卖东西，尤其是卖鞋。如果不是竞争这么激烈，我可能还在经营鞋店，也就不用来咨询了。"他挠挠头，笑了笑。

"在这次咨询中，你希望自己明确未来的方向，对吧？"我开始帮助他找自己的咨询目标。

"对。接下来，我要明确自己要不要创业。"

"好的。在做选择时，我们面对的往往是未来的不确定性，尤其是选择创业，其面对的不确定性和风险会比打工更高，这一点你认同吧？"

他立刻回答："老师，我认同。"

"我们先来明确一下你的选项问题。关于未来创业与否，如果选择创业，你会做什么样的具体项目？如果不创业，你又会做什么呢？"

他开始思考："之前的项目失败之后，如果再选择创业，自然而然想到的就是从头再来。如果不创业，很可能是先随便找一份工作，挣份工资，维持生存所需，因为我不能再靠家里养着了。"

从他的话中，我感受到了他当下的状态——惯性。很多人的生活都是惯性使然。有的人习惯于安稳的生活，有的人习惯于充满挑战的创业人生。

虽然创业从某种意义上说可以帮助人们更快更好地提升自我状态，但是任何模式的惯性都是一种执着，它会让我们失去对自己的生活状态应有的超然和觉察。如现在的他，习惯于创业，但惯性让他迷失了方向。

"我再问你第二个问题：如果在接下来的某段时间，你选择了继续创业，或者叫二次创业，那么对于你而言，能够获得的价值和意义有哪些？"

"好像说不出什么价值来，只是有一种持续的感觉吧，毕竟之前一直在创业。"

我在记录表格上先写下"持续感"。

"还有什么样的价值能让你感到满足呢？"

"我觉得怎么做都可以继续赚钱赢利吧。然后……没有了。"

"赢利"，我又记下了这个关键词。

"如果你今天选择继续创业，必然要面对的风险和挑战有哪些呢？"

"这是我最不能确定的。虽然我经营了三年的运动鞋微店，但仍不知道还有哪些项目可以做，还有什么样的机会可以利用。不熟悉的不敢做，怕赔了；要是还做原来的事情，那我为什么还要关闭原来的店呢……"

"你是担心做不下去，对吧？"

"是啊，就是有些担心。"

"你有哪些保障可以应对创业的风险呢？"我按照流程问了一个双方基本上都心知肚明的问题。

他叹了口气："现在市场上有很多店铺都经营不下去了，重开店铺风险太大，违法的事情我又不想做。"

"那我们来看看另一个选择。如果是选择找工作，那么你觉得对你而言，最大的价值和意义是什么？"

"确保我能在不靠家人的情况下维持自己的生活。另外,还可以积累一些人脉。这两年,我认识的人大多是顾客和供货商,没结交多少有本事的人,好像自己创业反而把社交圈子缩小了。此外,我觉得自己年轻、人生阅历浅,早早就创业真的挺累的。"

在这段描述里,他很流畅地表达了自己的想法,亦有很深入的思考,仿佛内心有了答案一样。

"嗯,收入,人脉资源,让自己当下的生活相对轻松一些。"

"也不完全是轻松,就是觉得自己应该先积累一些资源,而不是无端地消耗自己。"

"好,我记下了。"我把"收入""人脉""积累资源"都记录了下来。

"同样,如果选择就业,你面临的风险和挑战是什么?"

"风险相对小很多,找工作对于我来说也不难。我主要是担心就业之后,创业的欲望会不会下降,会不会就像温水煮青蛙,不想再自己做事了。"

"你认同自己是一只青蛙吗?"我看着他。

"哈哈,这么多年,我从未尝试过青蛙的生活。"他释然了很多。

"接下来,面对可能的些许担心,我们应采用什么样的应对方式来避免自己成为温水中的青蛙呢?"

"老师,其实您刚才那么一说,我就没什么顾虑了。这么多年来我一直都是自己在努力,从来没有依赖别人。选择就业,主要目的在于积累一些人脉和资源。刚开始这么想,还有点儿不甘心,觉得自己那么多年都是自由的,现在可能要被人管住了。现在想想,只要心里没有被管住的感觉,我还是自己的主人。"

那一刻,我被他这句"只要心里没有被管住的感觉,我还是自己的主触动了"。

"是的，你还是自己的主人。"

"我现在找工作，主要目的也是为了以后更好地创业。这么说来，我真的不用担心了。"

听到他这么说，我也不担心了，剩下的工作也就变成了例行公事。

"最后，我还想问问你，如果现在就开始选择，你具体的行动会是什么样的？"

"既然我现在找工作是为以后更好地创业而积累资源和经验，那我则需要明确一点：要得到什么才会对以后的事业有帮助？我现在连做什么工作都想好了，还是从销售鞋子做起，这一块是我最熟悉的，只不过为了得到我想要的那些，现在需要去做准备工作。"

"太棒了！看来你对未来的方向已经思考得很清晰了。虽然我们无法确定你会在未来的什么时候开始新的创业，但是你心里一旦产生了'我准备再次创业'的强烈欲望，那也就是你新的阶段开始的时刻，我可以这么理解吗？"

"老师，您说得没错，虽然未来什么时候创业无法确定，但是我会先去积累资源和经验，然后耐心地等那个时机的到来。"

"我们来回顾一下我刚才问你的几个问题。"我把记录表格（如表3-1）指给他看，并一项一项地复述给他，他不住地点头，因为这些都是他内心真实的答案，而我只是通过问话，让他能够直面自己的内心而已。

"老师，通过今天的咨询，我已经非常清楚自己想要什么了。谢谢您！"

表 3-1

选项	价值	风险	应对	行动	结果
创业	持续感 赢利	市场竞争 担心生存	很困难	选择放弃	等待合适的时机，准备再次创业
就业	收入 人脉 积累资源	温水煮青蛙	"只要心里没有被管住的感觉，我还是自己的主人。"	从销售做起，还是鞋的生意	

我们总结一下几类人在选择是否创业时的情况：

情绪冲动型："不管如何，我就要创业！而且我能承担一切风险。"这样的人一般不会来找我们做咨询，他比谁都坚定，并且能承担风险。

冷静梳理型："对于创业，我需要先考虑清楚，并通过采取一些措施尽可能地降低风险。"如果所有人都是这样的话，我们这些咨询师就没有客户了。

犹豫/情绪/梳理型："到底要不要创业呢……""别人都创业致富了，我也要创业！""老师，我是这么想的……"内心犹豫不定的、需要平复情绪进而看清现状的、理性思维能力不清而需要梳理的，都是在做出创业决定前最需要帮助的人。

另外，有的人在选择创业时，会遇到一些比较容易成功的创业良机。

水到渠成型：在职场中连年都是"最佳员工"，其工作能力很强，具备很好的影响力和管理能力，久而久之，会因为种种原因从原来的公司出来"另立门户"。他们凭借自己的影响力和专业水平，能很快地获得行业的认可，甚至会颠覆原有行业，改变行业现状，成为创业者、创新者和颠覆者。

连续创业型：无论国内还是国外，初次创业的失败率都在70%以上。但是经过创业失败后进行的二次创业、三次创业……N次创业，失败率就会不断下降。创业如同人生旅程中成长修炼,从失败中得到的经验最可贵、最有效。

创业"土豪":简单来讲,他们在某些方面拥有极丰富的资源,如财力雄厚、家世显赫或背景极深等,能够更容易地走上创业之路,获得成功,也更能承受创业的失败。

因此,我们说,要不要创业、该不该创业,每个人都应视自己的情况而定。

创业心理工具 3：创业决策评估表

首先，我们明确以下关于创业的观点。

1. 我们无法明确创业的具体时间，因为它完全是创业者根据自己和环境的状况做出的最为审时度势的决定。

2. 创业的决定是情绪上理性和感性的结合。做决定时的情绪可以是感性、冲动的，但是不能没有理性思考的介入。

3. 就业与创业都在创造个体的增量，但是创业的前提是做好止损方案，即如何降低不确定性带来的风险。

4. 与其设想创业能够带来什么样的价值，不如先了解清楚自己是否可以承担创业带来的最大风险、是否想好了应对风险的有效措施。

5. 就业与创业并非非此即彼，就业是为了更好地促使创业成功，创业也可以帮助个体提升就业的竞争力。

表 3-2　创业决策评估表

选项	价值	风险	应对	行动	结果
1					
2					
……					
N					

该表可以评估你的创业动机，帮助你形成创业的决定，重要的是完整地梳理你的相关心理感受。

第一步，澄清选项。明确选择创业的项目，或者不选择创业时可以选择的道路。这里不仅有创业或不创业，也可能包含其他选项，尽可能地把它们列出来。

第二步，对于每个选项，询问其可以帮助你获得什么样的价值和意义，并了解可能面临的最大风险。此步骤的目的在于帮助你澄清内心的感受，并将答案落在纸上，促使你作深度思考。很多时候，在这一步你的选择就已经有了答案。

第三步，对于每个选项，都要询问自己能够应对其风险的方式。如上面的个案中，来访者期待从工作中获得相应的能力，以便应对不创业的担心和焦虑。只要能力达到一定程度，创业就是他必然要走的路。

第四步，结合所有的信息，确定最终的行动与最终的结果。如何行动，能得到什么结果，并非完全遵循于某个选项所提供的路线，有可能是其中不同选项的综合，也有可能是另辟蹊径，关键是找到自己想要走的那条路。

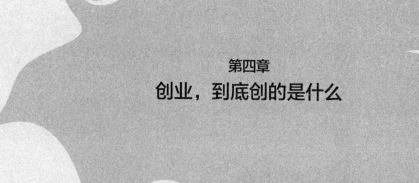

第四章
创业,到底创的是什么

无论是狭义的创办企业,还是广义的创造你的人生事业,你要做的究竟是什么?

这个问题并不是单纯靠想就可以弄明白的。只有有效改变,不忘初心,持续行动,并在行动中积极调整,才能慢慢地触及"真相"。

我不是卖饮料的

做"互联网+"项目,传统行业不认可,互联网行业没兴趣,归根结底是创业者忘记了自己的初心,忘记了产品背后的文化内涵。

私董会上,与会者因摸不清本次会议研讨的主题项目的发展思路而一筹莫展。

"我觉得吧,这个项目的重点是融资。现在的投资人太少了,需多找几家投资机构,才能找到合适的投资人。"一位操着广东口音的创业者,直接下了定论。

"我这几个月什么事情都没做,就是参加一个接一个的创投会,跑一个又一个的创业主题咖啡馆,真不知道怎么做才算多。"估计主题分享人心中也有自己的无奈。

创业者的聚会就是这样带着浓浓的火药味,毕竟参与者都是身家千万甚至上亿级别的,大部分人都以"成功人士"自居,难免习惯地把自己的经验当作真理,直接扔给对方。

作为创业者私董会的高管教练,我常常在自由讨论环节听到他们这样争吵:

"你那么有本事,为什么公司还没有在纳斯达克上市?"

"你做产品的方式太慢,不如我的方法……"

"你怎么能和投资人这么谈……太不专业了。"

关于创业,成功的人士总认为,自己的经验可以替代一切。创业者的一句"我不认可你的想法",换来的往往是对方嘴里挤出来的两个字——"幼稚"。

这时候,另一个创业者发言了:"我倒是觉得廖总(主题分享人)对自己的企业了解得挺深入的,这个项目在饮料快消品行业中确实不容易获得千万级别的A轮融资,但是这个产品结合了互联网模式,如果将它放在互联网行业里,在A轮融资中拿个几千万还是很轻松的。"

这位创业者说的话没那么强硬,廖总的回应也变得"柔软"了一些:"是,我也想过从互联网角度来做我们项目的融资。可惜,当我去互联网投资人那边时,人家一口认定我做的是快消品;我去快消品投资人那边,人家看我出让的股份和融资数字,边摇头边笑,说从来没有先例。哎,做'互联网+'的项目,真没那么容易。"

气氛缓和一些了,大家都笑了起来,只不过有的人是开怀地笑,有的人是苦笑。

这个私董会里的创业老兵太多,就拿长桌对面的李总来说吧,在传统餐具行业摸爬滚打了二十余年，一场互联网思维的商业升级风潮，弄得老先生猝不及防。为了跟上时代的步伐，他不得不和年轻人一起"充电"。今天的老李安安静静，只是听这帮三十出头的新一代"创业老兵们"指点江山。既便如此，恐怕他至今还没理出个头绪。

会议陷入僵局之际，总要有人站出来打开局面，并把事情梳理清楚。这时主持人发话了："5 分钟自由交流时间到了。现在，先请主题分享人对项目进行总结，每个创业者和投资人都可以给一条建议。之后，我们就要把时间交给高管教练，进入 20 分钟的私人教练环节。来，廖总你先说。"

明确了会议流程之后，我拿出了自己的教练记录板夹，后面就要进入我和他的单独教练环节了，我需事先了解一些他的重要信息。

"就像我在开始时介绍的内容一样，我们公司正在做一系列的饮料产品。在传统行业里，饮料同质化现象严重。基于此，我们打造了一款针对小众群体的饮料，希望通过小众群体的影响，让大众喜欢我们的产品，现在这款产品卖得还不错。我这次要求助的问题是：虽然产品推出后效果不错，并经过了天使轮的融资，但想赢得 A 轮融资很困难。大家都说我们是快消品行业，不愿意进行千万级别的投资；其实我们是在用互联网方式打造快消品品牌。我也找过对互联网感兴趣的投资者，但他们不认为我们这个是互联网项目。不知大家有没有资源介绍给我，或者帮我看看有没有其他方式可以获得融资，否则后面扩大品牌影响力、建立不同品牌的工作都开展不下去。"

这番话他一定不只是说过一次或两次，浓重的西北口音下，每个字都像一粒粒珠子掉落到金属盘子上，紧迫而有力。

"好。"主持人发话了，"现在每个人可以提出自己的想法，然后我们开始教练环节。"

大家纷纷表达了自己的想法，但无非都是"还是需要找更多投资人""你对自己项目的融资数字有点儿过于自信了""我帮你推荐个投资人吧"等等。

每次看到这样的场景，我都会想起小说《三体》里的那句话："弱小和无知不是生存的障碍，傲慢才是。"我们总觉得自己给予别人的答案就是对方想要的，却从来不问问别人到底想要的是什么。

略作休息后，我和廖总的一对一教练环节开始了。这个环节的设置是我最喜欢的。在这个环节中，除了我俩以外，其他人保持安静。

"刚才我听到了你的期待——想要获得 A 轮融资，而且你也做过一些尝试和努力，如找了快消品和互联网行业的投资人等，然而结果却是期待很难变成现实。"

廖总的注意力转移了过来，其他人有的在认真聆听，有的满脸好奇的神情，有的抱着看热闹的心态，还有一些人在低头刷手机，只留了一对耳朵在听。

"想要促成这件事，仅有想法是不行的。我们需要考虑到和这件事相关的各利益方。你想一想，与这件事相关的利益方有哪些？"

只有把事情考虑周全、完备，才能从中找到有效的解决方案。我希望这个利益相关者的思维方式能促进他思维的转变。

"投资人、我。"他不假思索地回答道。

"要促进融资成动，利益相关者除了你和投资人，还有其他人吗？"

"对了，还有我的合伙人，因为公司毕竟不是我一个人的。"廖总补充道。

"接下来我们会用到一个工具，帮助你看看不同的利益相关者对于这件事情的想法和需求。"

"好的。"估计廖总还沉浸在"我怎么把合伙人给忘了"的感受中，所以很自然地做出了积极的回应。

我摆出三把椅子，说："我们分别用三把椅子来代表不同的利益方，包括你、投资人和你的合伙人。接下来，我会邀请你坐在每把椅子的对面，体验一下这个椅子上坐着的利益相关者的感受，以及在'我该怎么样获得A轮融资'这件事上，他们会给你什么样的回应。"

"包括我看我自己？"廖总笑了笑。也许他还从来没有和自己对过话，因此显得有些兴奋。

"是的。你想先和谁交流？"

"我刚才忘记了我的合伙人，我想先和他说一说。"他指了指距离他最近的那把椅子。

"好。"在这三把椅子对面的中间位置，放着我和廖总坐的两把椅子。坐定后，我请他面向指定的"合伙人"椅子，问他："现在这把椅子代表着你的合伙人，你可以想象合伙人的模样。他可以是你平时认识的那个合伙人，也可以是一种虚似的形象。当你向他询问'如果我们获得了A轮融资，你可以从中获得什么'时，他会怎么回答你？"

廖总被我柔缓的话语带入思考和梳理的状态，他调整了一下呼吸，说："我突然想起我的一个合伙人说过，获得融资之后，我们就可以给这些摇滚明星做深度定制的产品了。我们的消费者会成为我们产品的'死忠'，因为他们喜欢那些明星。而且因为和明星有关系，我们也可以开发他们的定制衍生产品。卖饮料还是太传统了，竞争压力太大。"

"嗯，很好。那么我想邀请你再去问问你的合伙人这个问题：'我正在寻求 A 轮融资的机会,你能给我什么样的建议呢?'"

"一定要强调,我们不是卖饮料的公司,我们是做文化的公司。"他突然笑了,"这是我们公司的一个合伙人上周开会时说的话,我怎么现在突然想起来了?"

因为,答案就在你的心里。

"好,感谢合伙人。下面我们来看看另外的利益相关者。你是准备先和投资人,还是先和自己聊一聊?"

"和投资人吧。"

"好的,我们把关注力放在这把椅子上。"我指了指中间的椅子,然后继续说,"在这把椅子上,坐着你邀请到的理想的投资人,你可以想象他的样子。"

我稍稍停顿了一下,等待他想象,然后对他说:"你这样问他:'如果我们从你这里获得了 A 轮融资,你会从中获得什么呢?'他会怎么回答你?"

"他会说,做出你独一无二的产品风格。从选择创业开始,你就不想做平庸的产品。不管在市场上卖饮料的有多少,你都要做与众不同的产品。"

听到这里,我的内心有些许澎湃。

"做与众不同的产品。接下来,你向他询问:'我正在寻求 A 轮融资的机会,你能给我什么样的建议呢?'他会怎么回答?"

"不知道为什么……"说这句话时,他并虽未处于想象中,但是好像受到了新的启发,"我之前和投资人说的创业项目、写的商业计划书,都太传统了,一点儿都不像我们正在做的产品风格。老师,我能说点儿我自己的事情吗?"他看看我,又看了看大家。

"如果对你有帮助,不妨说说看。"在众人的见证下,他的改变会更富有行动力。

"刚才,老师一提到投资人的想法,我就想起很多投资人在看了我的BP(商业计划书)后总是说:'饮料啊,这行业有点儿饱和。'当时没觉得有什么问题,现在想来是我把这件事做得太一般化了,从而让人家觉得我就是个卖饮料的。其实,我以前是从事设计的,我们几个合伙人都是摇滚青年。"

廖总把自己的手机背壳亮给大家看,那上面贴着摇滚乐队的一些符号(后来我才知道那个手机是某著名乐队的限量纪念款),此时大家才关注到他的个性风格。

"把个性化属性压在手机背壳上,别人是看不到的,从心理象征上分析,这顶多算是'闷骚'。"我心里想着。

我们会根据自己内心的图景来选择做什么,包括设计的产品、结交的朋友、装修的风格等。如果一个人忘记了创业中的"我",也就等于失去了所谓的"初心"。

廖总继续说:"为什么会从饮料入手呢?前些年,我在工作中发现,很多文艺青年去 live house(小型现场演出的场所)看乐队演出,只能喝那几种大众化的啤酒和饮料,拿着可乐、冰红茶也能对付,但是看起来一点儿都不酷。我当时问了一些现场观众,他们也为此感到遗憾,因为市场上没有和这些摇滚乐队在'劲儿'上一致的饮料产品。这就是我做这个事的初衷。我不是单纯卖饮料的,我是为了让这帮文艺青年、摇滚青年开心的。"

他想法上的改变吸引了在场的所有人,做餐饮的老李也用笔在纸上记着什么。

"后来我就专门跑酒吧等演出的地方,和那里的人聊天,并做了一些特别有趣的营销方式……"然后廖总讲述了两个他们在营销上做的有趣案例。

第四章 创业，到底创的是什么

这一刻，他不再是一个被教练的客户，而是一个充满激情、有旺盛生命力的案例分享者。

"我们是一家从小众饮料入手的公司，志向不是做饮料，而是满足这类人的精神需求。"做完总结之后，廖总看着我，目光中充满坚定。

"所以，当投资人给你一些建议后，你意识到了自己公司的核心定位和服务对象，而且，这才是你做这件事的初衷，我可以这么理解吗？"

"是的，就是这个想法。"关于这个问题，他好像已经明白了自己的期待。

"那我们继续，最后一个利益的相关者是你自己。"我指引他看第三把椅子，"你可以看到自己在那里。对于'如果我获得了A轮融资，我可以从中获得什么'这个问题，你会怎么回答？"

"我会觉得终于可以做自己真正想要做的事情了，不是扩大生产线，也不是考虑怎么竞争，而是聚焦自己想做的事情。"

"好的，聚焦自己想做的事情。"我帮他记录下来。

"如果你从今天开始为获得A轮融资而努力，你给自己的建议是什么？"我看着他说。

他慢慢闭上眼睛，任由自己的思绪飞扬起来。

"无论是做产品还是找融资，首先要先做自己。"通过他刚才的自述，这些感受已经慢慢浮现出来，越发清晰。

"无论是做产品还是找融资，首先要先做自己。好的，这个过程我们先进行到这里。现在，我来帮你回顾一下刚才在不同的利益相关者面前，你都想到了什么。"我原封不动地帮助他把刚才的话语做了回顾。

"听了你刚才所描述的所有想法，我们再回到你的目标上——你想要获得 A 轮融资。现在你也清楚，无论何时何地获得融资，一定都是在你做出了新的改变和行动之后。那么，到目前为止，你有哪些新的想法和思考？"

"我们聊之前，我忽视了自己做这家公司的初心，既然有与众不同的想法，干吗不告诉投资人？干吗还用传统的方式去找传统的投资人？他们一定听不懂我的想法。这不怪别人，只能怪我自己。"他说这些话时很有力量，像一个想要呐喊的摇滚青年。

"我觉得创业者一定要知道自己为何做产品，为何做公司，要不然就跑偏了，找不着北了。"他看着大家，憨厚地笑了。

私董会的创业者们仿佛观看了一场好戏，认真聆听落幕之前主角的总结分享。

我接着他的话说："如果不能把我们的独特理念以能听懂、能理解的方式传递给对方，双方的理念、认识就不一致，即对不上号，我们就很难实现想要的目标。而这个对方，今天是投资人，也许未来会是其他的利益相关者。"

"我又想起以前和一些摇滚明星谈合作，只要我去，就能谈成，而我的合伙人或者员工去，就谈不成。这可能就是您说的对不上号。"

"那么接下来，你有哪些开头炮？"

"回去先修改好我们的 BP，把我们的初心、风格以及与众不同的营销方式，还有未来的方向都放上去。另外，要找更认同我们的投资人。大家也都听到了，"廖总看了看大家，"有合适的投资人请继续帮我介绍吧。"

你看，创业者就是这样一群在任何时间、任何地方都可以主动获取资源的人。通过梳理和探索后，明确自己想要的，这样才可以事半功倍。

半年后我浏览新闻时，不经意地看到了"××公司获得××资本的千万级投资",深深地为这家企业和这位特立独行的廖总祝福。

创业具有高风险性,做任何决定之前,都要学会先考虑到相关的利益者的需求,这有助于你看到自己的视野"盲区",从而制订出更为全面的执行方案。

创业中做每个决定之前,先问自己几个问题:

"当下你想要做的这件事,有哪些人是利益相关者?"

"他们从中期待什么?你可以用什么样的方式满足他们?"

"为了平衡各方面的利益,达成共同目标,你制订出的最终执行计划是什么样的?"

通过回答以上几个问题,将利益相关者罗列出来,记录下他们的期待以及你满足他们的方式。另外,在实施最终执行计划时,不要忘记根据环境变化随时做出调整。

人心不齐,怎么挣钱

一个项目还未完成,团队成员就开始各有想法,遇到这种人心不齐的情况,该怎么办?

"老师,我们做了一个微信公共号,大学生可以在上面发布自己的信息,把自己的才能与技艺展示给别人看。"

在一场和大学生创业团队的交流会上,一个目光炯炯的女生很直接地开始了自己的创业分享。

我数着今天到场的人数，猜测着哪些人是一个团队的，想感受一下这些团队的整体氛围。大部分同学看着我，仿佛期待着从我这里得到些什么。我知道，当你不去和他们澄清什么是创业咨询的时候，他们的期待中总会有一种"这个人来了可以给钱"的错觉。

在大部分的创业团队交流会中，大学生们会直接或间接地谈道："老师，我们想创业，但是没有钱……"

没钱还创业干吗？为什么不选择别的挣钱方式？难道你们不清楚创业的高风险如同赌博，很多人非但得不到经济回报，反而会陷入更深的困境吗？！

然而，这个团队的负责人还是吸引到了我，虽然她并没有清晰地描述清楚她的项目，但是她神态坚定，显现出一种"我必须要做下去"的决心。

于是，如同往常一样，我问了一些关于项目的基本细节。

"项目做了多久了？"一般我会先问创业时间。这会让我对于项目的进展程度以及可能面临的问题有大致的了解。

如果对方告诉你，项目刚刚起步，接下来他们的困惑往往聚焦于项目是否靠谱、他们的想法是否成熟之类的问题。

如果对方告诉你，项目已经做了一两年了，问题就会变得具体很多。如"我们总是找不到客户""我们的产品迟迟不能上线怎么办""大家动力不足，彼此沟通有阻碍"等。有的团队告诉你时间之后会附加上"种子""N轮融资"之类的专业术语，你就知道接下来就要讨论融资的种种问题了。

如果对方只是给你一个很概括的说法，如"做了好多年了"，或者想了一下才说"大概从××年开始的",那么关于企业的发展转型、变革更新,就是他们最感兴趣的主题。

因此,我也常把创业分为愿景期(刚刚有创业想法)、投入期(开始执行商业计划,并不断调整商业模式)、影响期(寻求更多资源的整合与介入)和突破期(在原有的基础上寻求变革更新)4个阶段。

"我构思2年了,今年才开始注册公司正式运营。"说到这个问题,不知道为什么,女孩子有一丝丝的不自然。

问项目,是掌握基本信息的第二步,我需要明确地知道她的项目到底是什么。

"我想了解一下你的项目,我觉得自己了解得还不太清楚,"我看了看周围其他团队的同学,有的已经开始摆弄手机,"而且我相信其他团队成员也没太明白,对吧?"这时其他同学又把注意力重新拉回到这个项目上。

"你们要解决什么样的问题?做哪些事情呢?能和大家详细描述一下吗?"

"好的,老师。"女孩子好像不那么紧张了,开始描述起来,"我们想打造一个信息平台,在这个平台上可以发布和大学生日常活动、就业、创业相关的项目,可以做技能交换、个性展示,还可以发布吃喝玩乐等广告宣传信息,满足学生这些方面的需求。"

我终于知道她为什么那么释然了,因为这一条听起来像是背好的。

其他同学也饶有兴致地看着这个干练的女孩子,被她刚才这一段"背书"逗笑了。

"听你说的这些,似乎和一些大的信息发布平台,如豆瓣、58同城、微信公共号做的事情是一样的。那么,你们的竞争优势是什么?"在关于项目的问题中，竞争优势也是至关重要的。

"我们打算先从自己学校做起，因为我和我的团队更了解我们学校的活动。"

听到这里，我大致明白了。坦白地说，这个项目的视野并不大，要做的内容也过于冗杂，核心的问题在于"市场太小"和"内容太杂"。如果是小团队小打小闹做一做就当是丰富课余生活了，可是既然是学校选报上来的项目，他们肯定有不一样的期待。

"那我想知道，你希望我可以帮助你们团队解决什么问题呢？"

女孩子思考了一下，然后说道："老师，我们想要了解公司的股权分配和融资的一些知识。"说完，女孩看了看身边另外两个男孩，这时我才知道谁是这个团队的成员。

她抛出这个问题，让我有点儿摸不着头脑。想了解股权分配和融资？一个刚刚开始创业，甚至连第一桶金都没有赚来的三人小团队，想了解这么遥远的事情做什么？

"能不能多说一点，我可以帮你们做信息的分享和问题的澄清。首先，我很想知道，你们为什么对于股权、融资感兴趣？或者说，这和你们现阶段的创业有什么样的关系？"

"我们想拿这个项目去找投资人，可是我们没有这方面的知识。我们主要想了解一下投资人要占多少股份，我们之间大概是一个什么样的比例会比较好……"说到这里，女孩的声音越来越小。

"我可以分享这些信息给你们，尽管这些问题不一定有绝对的答案，"给她吃个"定心丸"后，我继续说，"就你们目前的发展状况，带着这份项目计划书去找投资人，你认为在投资人眼中你们现在最大的问题是什么？"

第四章 创业，到底创的是什么

指导创业，核心在于打开创业者的思路，让团队成员从思维的限制中解放出来。"既然你们那么想要去找投资人，我就来问一问：假如见到了投资人，他们会怎么看待你们这个仅仅是个想法的创业项目？"

女孩子思考了半天没吱声，旁边的男孩发话了："老师，其实我们现在的第一个项目并没有做起来，我们觉得做项目应该先了解怎么去做。"团队领导，也就是那个女孩看了男孩一眼，与其说看，不如说瞪。

天啊！才3个人的团队就如此不齐心。于是我决定，还是等交流会结束后再和他们交流吧，在这种场合，面子更重要。

交流会结束后，我把他们3个人留了下来。

"这个项目是你们3个人的，对吗？"经过一番交流，我了解到女孩是负责人；另外两个男孩，一个负责网站建设，一个负责线下活动的运营。

"我刚才听出来了，你们3个人目前的想法不完全一致，这也是我为什么把你们留下来的原因。"我停顿了一下，发现他们3个人都有点儿局促不安。

"当时我真怕你们打起来。"我用轻松一些的语气说道，几个学生听了都笑了。

"你想要了解融资信息，你想要做好目前这个活动，那么你呢？你的想法是什么？"我分别用目光看向刚才说话的女孩和男孩，然后问第三个男孩。

那个男孩腼腆地笑了笑说："实不相瞒，我们经常为这些问题进行激烈的争论，我们3个人都有自己的想法。我的想法是先把网站的流量做上去，要是没有流量，不会有人认同我们的平台。"

"寻找融资""活动建设""网站流量"，我把这3项列在纸上。

"不管创业团队中每个人想做的事情有多么不同，但是我相信，在每件事情背后都有一个美好的期待，期待自己的项目能够成功。所以，我想请3位想一想，这3个方向背后相同的期待和目标是什么？谁先想好谁说，随意一点儿。"随意说一说，希望能减轻他们表达时的压力。

经历了一段时间的沉默之后，女孩先发话了："您刚才问我们的时候，我想起我们内部讨论发展方向时，曾经提到'其实就是没钱，要不然就可以和大公司一样烧钱了'。我觉得我们好像都是为了赚钱。"

两个男孩一致表示同意，其中一个男孩说："我刚才在想，我们的共同期待就是赚钱，做活动能立刻就赚来钱，尽管少些。另外，融资也能得到钱……"

"网站流量也是！"另外一个男孩抢过话来，生怕自己的想法被团队目标排挤在外，"没有流量，哪有现金流？"

"而这些必然有长远受益和当下获益，"我看了看3个人，"无法澄清你们共同的目标，你们就会在内耗中失去方向。"

一段时间的沉默之后，3个人一同点头。

"这也是我为什么会单独留下你们的原因。我如果只是告诉你们如何获得融资、如何做股权分配等信息，你们想的必然是赶紧拿着计划书去寻找投资人。然而，请你们想一想投资人会投什么样的项目。是连一个成功案例都没有顺利完成的项目，还是一个已经开始运转，并且在行动中积极调整，可以不断自我造血的项目？"

"……后者。"女孩子低着头说出了这个显而易见的答案。

"当一个人不能自我造血时，外界输血再多，最终也是抢救无效；当一个人没有自身行动力时，外界再刺激，最终也是'懒癌晚期'，对吧？"

"我相信你们应该知道要做什么了。"看着他们逐渐澄澈的目光，我知道他们解开了自己的谜团。

一个月后,我在微信上收到了他们校友会活动的照片以及他们展现自己心路历程的文章,并了解到他们目前的赢利状况。在那篇文章里,有一句朴实的话触动了我:

"老师,这是我们自己赚来的。"

接触了很多大学生创业的案例,发现他们容易出现以下几个盲点:

相信有个好点子就可以解决一切问题,忽略了背后的行动;

相信有了钱,一切问题都会迎刃而解,忘记自身是否可以赢利;

相信技术够好就具备核心竞争力,放弃团队的目标一致性。

总之,不是想得太多,就是想得太少。

指导创业的核心不是在于给予信息,而在于促进其理性思考,促使其积极行动,使其获得团体的方向感和行动力。

只有行动起来的创业者才是有希望的创业者。

创业心理工具 4：创业循环轮

谈到创业，无外乎 3 个核心要素：机会、资源和团队。也就是说，要回答 3 个问题：

我能做什么？

有什么条件让我可以做？

哪些人愿意和我一起做？

三者之间相互作用，只要有一个方面具备基础，就可以开启你的事业。

很多有创业想法却从未将其付诸行动的人经常会说："我一穷二白，能创什么业？"他们往往用"钱不够""资源不足""没有机会"等借口来掩饰自己的不作为和内心的恐惧。实际上，在一无所有的情况下创业，只要借助于创业循环轮找到新的视角，创业就大有希望。

第一步，问团队。常见的问题是：

假如你今天开始创业，有哪些人愿意和你一起去做？

如果你今天对外宣布"我要创业了"，有哪些人会支持你？

团队成员会以什么样的方式来支持你？

第二步，问机会。常见的问题是：

根据你的团队成员的具体状况，你可能会做什么样的项目？

结合团队的优势和资源，你们共同的机会点在哪里？

做什么事会让你团队的这些成员奔向一致的目标？

第三步，问资源。常见的问题是：

当你们拥有了这样或那样的机会时，还有哪些资源是必须要寻找的？

你们还需要什么？

创业者没钱，可以通过融资、借贷筹集到所需资金；没有机会，可以团队一起集思广益。但是，如果周围的人都不支持，甚至到了众叛亲离的境地，那创业就会变得举步维艰，尤其在我们这样一个以人情关系为主建立起来的社会。

此外，团队内外的人有很多好的想法和点子也会帮助到你，如：

"如果结合当下的虚拟现实技术，做一个线上的职业体验APP（手机软件），那该有多好！"

"现在市面上的茶叶同质化太严重，能不能借鉴绿山咖啡公司的'K杯'模式，做出更多款的茶饮品？"

这些建议和想法如何落地？这就需要帮助创业者理清思路，明确方向。我们同样可以运用创业循环轮，先问机会，然后问资源，再问团队，使创业这台"机器"从机会开始"转动"起来。

通过循环问话，提出做虚拟现实技术的那位研究生发现，目前最大的短板并不是虚拟现实技术的实现问题，而是如何让更多有职业体验需求的客户了解他的项目。为此，在团队的组成上，他会更关注于寻找市场推广方面的专业人士。而想要做茶产品的那位大学生在了解到相关加工工艺的复杂性后，暂时放弃了自己的想法。

理性的梳理，可以帮助那些一时头脑发热的创业者清晰思路，解除困扰。

对于已经走在创业路上的人而言，创业循环轮是否还有借鉴作用呢？

例如，曾经有位创业者来咨询："我现在掌握了一套较为先进的专业技术，能够把葡萄酒里的二氧化硫提纯，确保产出的葡萄酒比一般的葡萄酒质量更优。我们在4年前就开始做这个产品了，但是销路一直不好，产品卖不出去，真是愁死人了。"

"和这么多本地品牌的葡萄酒竞争，确实不容易。你们的核心资源和产品的优势是什么？"

"我们的专利技术是独一无二的。"

"你们的核心优势来源于这个提纯的专利技术，对吧？"

看到对方点头，我继续问道："那么，在整个公司战略上，你们的团队需要做什么，才能确保你们的产品优势？"

"我们前几年在市场推广方面耗费了太多的精力和时间，这和我们团队成员大都是科学家的特点有些不符。您刚才问的时候我就在想，我为什么不把大部分的时间和精力放在更高精尖的专利技术研发上，然后与一些大品牌的公司合作呢？哪怕是卖专利，也强于现在什么都在做。"

"你觉得你们团队应考虑转型，即通过深入研究技术，让自己成为一个技术专业导向的核心团队，而不是面面俱到，是吗？"

"是的，我回去要好好考虑一下如何去重新布局。"

当创业者面对风险、挑战和压力时，团队需要重新思考自己的核心优势和主导价值。乔布斯面对苹果公司摇摇欲坠的情境时，深知其核心资源在于一群"不同凡想（Think Different）"的用户，于是他在重新执掌苹果时花大价钱打造出一部令世人瞩目的广告，让人们重新意识到这家企业的核心价值仍然在于不断创新。接着，他们适时地推出了一系列的创新产品，让世界为之疯狂。

尊重自己的核心资源和优势，才能在转型与发展中立于不败之地。

总之，通过这样 3 个要素循环的问话方式（如图 4-1），你可以从不同的切入点去询问那些处于不同阶段的创业者。概括起来就是：

一无所有问团队：面对那些认为自己一穷二白、一无所有的创业者，应从团队入手，了解他当下有哪些人脉资源和社会支持系统，从而扩展找到其他资源的可能性。

初步想法问机会：面对那些有初步创业设想的创业者，先从机会的梳理到资源的挖掘，再从资源的挖掘到团队的整合，帮助他一步步地理清思路。

发展转型问资源：面对已经做了一段时间创业项目的创业者，需帮助他找到当下最为核心的资源，再通过团队去放大资源，整合更多的优秀人才，发掘新的创业机会，从而完成企业的战略转型。

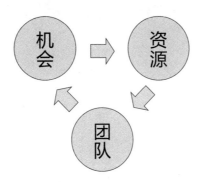

图 4-1　创业循环轮

第五章
制订你的事业计划

市场的需求点在哪里?要做的项目是什么?什么是商业计划书?如何推广项目?创业之前,如果你感觉到上述这些问题像一团乱麻困扰着你,希望通过本章的学习,能帮你梳理清楚。

为什么别人都躲着我

　　为什么有很多人躲着创业者？就是因为这些创业者有好的想法，却思路不清晰，行动也非常草率。
　　如果你仅有一腔热血，创业是很难成功的。我建议你最好是先运用创业九宫格一步一步理清头绪，明确构图，然后再去打动别人。

　　"我们开始谈吧。"胖虎来了，带着一种创业者常有的踌躇满志，言语中透着主动。
　　他体格健壮，衣着得体，典型的企业家类型，这也体现了一种人格的特质——有些焦急，有些冲动，说话做事不藏着掖着。
　　果然，他开门见山："我有个创业的想法，说给他们听，他们都不想与我合作。"
　　20年前，你说自己有个好想法，也许还有人愿意听一听。然而现在，没有付诸行动的想法都不能算是好想法。

对于直来直去的人，只需通过恰当的询问，就可以得到有效的信息。于是，我接着他的话问道："你找过哪些人？他们是怎么拒绝你的？"

"我找过自己的朋友，还找过以前的大学同学。听人说可以去创业咖啡馆试试，我也去那儿逛了好几天。我遇到人就说，遇到人就说……"

"那他们都是怎么回应你的想法的呢？"我把记录板放在腿上，想先听他讲述。

"就拿我朋友说吧。我说咱俩合伙、一起投资，他不是说'没钱'，就是……反正就是不合作。"

"别人呢？"

"我有两个大学同学，一听说我要创业，就不理我了。更过分的是，他们还把我想创业的事情发到我们班级群里，搞得现在谁都不搭理我。"

看着他这种无知者无畏的状态，我油然地开始同情他那两个同学……

"你还去了创业咖啡馆，到那儿都做了什么呢？"

"我听说和陌生人不能说得太多，所以只是简要地说了自己的想法。创业咖啡馆的人倒是很热情。但他们有的说这项目没有市场，有的说这项目不容易融资，还有的说这项目没有个千八百万元的资金，前期根本运作不起来。听了一堆反对的意见，弄得我都犹豫了。"

"你犹豫什么？犹豫要不要继续创业了？"

"嗯……也不是……我是觉得吧，人家说得也对。创业确实是一个冒险行为，可是我都有好的想法了，怎么能轻易放弃呢？"

我很难从他这里听到经过思考的话，好像他说话从来不用过脑一样。

"虽然受到了打击，你还是想试一试，我这么理解对不对？"

"没错，我还是想要做的。"

"就目前的情况，你觉得阻碍你这个创业项目成功的最主要问题是什么？"

"我想找人帮我做这个项目。但是，当和别人聊这个话题时，我却说不清自己到底想做什么，别人好像也听不进去我的想法。"

"好，"我呼了一口气，终于说到了这个问题点子上了，"无论我们想要找人、找财还是找物，起码作为牵头人，你心里要明白自己到底在做什么。那么，接下来，我帮你梳理一下项目。我想，你是不太擅长缜密思考，而是擅长与别人快速沟通，对吧？"

"啊？老师你连这个都知道？他们都说我是个直肠子，从嘴直接能看到……"

"好，我懂你的意思。"胖虎那股子直爽的劲儿，让人不得不喜欢他。

真诚的人总会得到帮助，胖虎就是这样的人。

我拿出一张白纸，对他说："我们来使用一个叫作创业九宫格的工具，它可以帮助你清晰地梳理想法。首先请你用一句话告诉我，你要做的事情大概是什么样的？"

"我老家那边有一块土地，我想把它搞成生态旅游。而且，我想做点儿不一样的东西，就像一个朋友和我说过的茶道，我想还可以把这个地方做成一个修行的地方。"

没想到看起来这么粗犷的人竟然想要做这样的"清修地"。

"哦，很好啊。"我点头赞赏。

此时，我已经画好了九宫格（如表 5-1），便对他说："我问你几个问题。你想做的这个项目，能够解决市场的什么需求呢？"

表 5-1

市场问题	解决方案	用户定位
市场规模	竞争优势	商业模式
收入描述	团队介绍	投资期待

"现在不都讲产业升级吗？我之前是经营农家乐的，最近感觉来的人少了。现在的情况是，找块土地就能做农家乐。曾来过农家乐的人说'现在来京郊游的，都是为了休闲、放松，只要条件好，贵点儿也付得起'。我就是想解决农家乐的'条件'问题。"

胖虎说得有点儿凌乱，我帮他总结："一方面行业竞争激烈，进入门槛低；另一方面，来京郊游的人有更高的需求了。我能这么理解吗？"

"对！就是这个意思。我们那儿山清水秀，别人都弄那么俗气的，我就想着能不能不那么俗气。"胖虎好像还有很多话要说。

"嗯，很好。那第二个问题：既然想要弄得不那么俗气，你想怎么去解决这个问题？"

"怎么去解决？我看城里有咖啡、茶道，还有什么琴啊一类的，要是把这些都搬到我家这块就好了。"

"嗯，我大致了解了。你能具体描述一下你理想中的那个地方是什么样的吗？你可以想象一下，如果那个地方建成了，会是什么样的？"我放缓了语气，为的是让胖虎好好想一想。

"哦，那应该是……纯木质的环境，空间更大一些，看上去就很舒服。此外，还可以卖一些品质高的农产品，比如茶叶什么的。"

"很好，我再帮你总结一下：第一，让人感觉舒服的环境，客户的体验是非常重要的。第二，提高所卖东西的品质。对吧？"

"是。"

"结合你想要做的事情，你觉得什么样的人是你的目标客户？这是我们的第三项内容——'用户定位'。"

"原来我们农家乐都是针对工薪族、平民老百姓的，现在的定位是做精品，要足够高端。"

胖虎如果不做农家乐，做个喜剧演员，应该会是一个很好的苗子。

"足够高端。那你设想一下，典型的用户会是什么样的人呢？比如他们的职业、生活，或者一些你可以想到的细节。"

"是一些文化人，就像你们这样的。还有那种已经不愁吃、不愁穿的老板，他们都喜欢追求高品质的生活，而且这些人的时间都是自己的。还有一类客户是来此地召开小型会议的，他们想找点儿不一样的感觉。"

我在纸上帮他记录："自由时间""文化人""老板""高端精品的用户定位"。

"好的，接下来我问你，这些人大概有多少会来你的这个……空间？"我也不知道如何定义他的地方，就暂且叫作空间吧。

"应该会有挺多人想来的吧,你看现在有这么多人想要找个地方清静清净。"他的话听起来有些自我怀疑,有些不确信。

"嗯,确实有一些人有这样的期待和想法,关键在于你需要思考两个问题:第一,目前你所能影响到的人有多少?第二,这些人中有多少愿意来你这里享受服务?"

"啊?这个我还没有核算过……"

"在我们自己都不确定的情况下,很难去打动和说服别人,你说呢?"

"是,这个我回去算一算,想一想。"

"好,那我先帮你记下来。"我边说边记录下"需要计算"4个字。然后,我继续问道:"你这个地方有什么样的竞争优势,也就是说与众不同的地方在哪里?"

"第一个优势是环境好;还有就是,我打算按照游客期待的样式,去装修客房等内部设施。哎,对了,我是不是该问问他们期待什么样的设计呢?之前我都是按照我自己的想法说的。"看着这位大汉憨憨地笑了,我心里想起赵本山的小品中说过的那句话:"都学会抢答了。"

他接着说:"我觉得最重要的还是服务,这里服务质量好,让游客来到这儿就能彻底放松下来。这是我最想要的。"

"好的,我记下来了,'环境''放松'。无论是装修还是服务,都应先去了解一下目标群体到底喜欢什么样的。"胖虎不断地点头,他已把头脑中的"清净地"建立起来了。

"下面一个部分叫作商业模式,听起来有点儿抽象。简单来说,就是你的项目要怎么样安排才能赚钱。生态旅游和高端产品是你主要的赢利项目,那么具体怎么去实现呢?"

"您问到这里,我心里就有点儿发虚。我目前就知道自己要卖什么,怎么卖还真有点儿说不好。我想做点和别人、和以前不一样的。以前办农家乐的时候，我们在村头举个大牌子就会有客户来了，现在这么干人家才不相信你呢！"胖虎边描述边回忆。

我继续引导他思考："我能不能这么理解，如何让这些人相信你，是一个重要的问题？"

"是！上次有个人就说'你这个样子就不像是搞这个项目的人'。哎……"

那个人说得很对，但是这样说也很让人绝望，我决定给胖虎一些支持。

"没关系，我们来设想一下，什么样的形象是'搞这个项目'应该有的样子？"

胖虎陷入深深的思考之中，很难得地看到他对自己有如此深刻的探索。其实，所有的创业问题都是个人的问题，创业者心中遇到阻碍，一旦自己想明白，改变就变得水到渠成。

"如果我也可以……起码可以和这些人有交流，或者找个这样的合伙人，应该会好一些。是，应该会好一些。"他有了新的思路。

"很好，我们先记下来，这是一个非常重要的新想法！"永远不要忘记鼓励创业者在思维上的改变，因为接下来很有可能引发一场行动上的革命。

"如果有这么个人和我一起做事，那我就可以更好地了解这些人，然后和他们打成一片，不管是卖东西还是提供服务都会更方便。而且，我们也不需要多大的市场，只要能有稳定的客户，就能保证不错的收入了。"

"很好，接下来的3个内容属于更高的要求，今天想不出答案也没有关系。对于这个项目，有没有核算过基本的收入和支出情况？其大致是什么样的？"

"还真没核算过，只能根据之前开农家乐时的情况做大致分析。我觉得应该是先找合伙人，找一些熟悉的文化人、老板啊聊一聊，那样心里才会有个基本的数字,老师您说对吧?"

"哈哈,是的,你现在的思路越来越清晰了。接下来,你需要去寻找团队成员。你希望团队里有哪些核心成员?他们各自需要负责什么?"

"主要找一个合伙人,他懂客户就行。别的方面,我都可以做。"

"最后一个问题是,如果这个项目以后有更好的发展,甚至开始需要融资,你希望投资人会投资于你这个项目的哪个方面?"其实还有一个问题是"大概需要的融资额是多少",但是考虑到他目前的项目还仅仅是一个构思,我就没有问。

"做品牌吧。我觉得这类创业项目,很快也会有别人做,我希望能越做越大。"

表 5-2

市场问题	解决方案	用户定位
一方面行业竞争激烈,因为进入门槛低;另一方面,来京郊游的人有了更高的需求	一个让人感觉舒服的环境,体验是非常重要的;不仅提供服务,还可以提高所卖货物的品质	自由时间,文化人,老板,高端精品的用户
市场规模	**竞争优势**	**商业模式**
不确定,需要核算规模	放松的环境(体验);无法确定目标群体到底喜欢什么样的设计风格	需要思考:寻找伙伴—研究群体—开展项目
收入描述	**团队介绍**	**投资期待**
需要核算	需要合伙人	品牌建设

"来看一下我们完成的这个表格。"我拿起填好的九宫格（如表5-2），一项一项地读给他听，以帮助他在头脑中形成项目的全貌。

读完之后，我问胖虎："看完了这9项内容，你有什么样的新思考？"

"我觉得自己清楚多了，最重要的收获是我知道自己的问题在哪里了。我有钱，我觉得自己了解客户，但是别人不相信，那我就只能找一个伙伴来让他们认同了。"

"好的，接下来你会做什么呢？"

"第一步就是找合作伙伴，我已经想好去哪里找他们了。"创业者具有天然的行动力，常常让我在询问行动力时很省事。

他继续说道："然后，我就可以和我的搭档一起去了解市场、核算收入。把这些都搞定了，再谈怎么做吧。"

投资人为何不看我的商业计划书

商业计划书看上去已经很精彩了，为什么投资人连看一下的兴趣都没有？其实，在完成商业计划书之前，还有一些至关重要的步骤，你是否忽略了？

来访者，38岁，男，前来咨询有关商业计划书的问题。

"这是我的商业计划书，已经给几个投资人看了，他们都说有问题。"他稍显懊恼的神情中，显露出一丝挫败感。

"嗯，你希望我帮你看商业计划书，提出修改的建议，还是有其他期待？"我接过他手中厚厚的计划书，掂量了一下，真不少，少说也有70多页。

"拿着计划书去见投资人,却总得不到投资……您能不能给看看问题出在哪里了?"

"你想让我帮你看商业计划书,目的是为了获得投资人的青睐,最终得到投资,对吧?"

"是。"

"那么,你今天的期待是,让我帮你看计划书,还是通过行动获得投资人的投资?虽然行动本身也包含了计划书的部分。"

"想请您帮我看看怎么修改计划书能获得投资,他们老说我的计划书有问题,我也觉得问题都出在计划书上面了。"

岂止是计划书的问题?仅仅几分钟的时间,我就感觉到他的逻辑思维和表达能力两个方面都有不足,需下功夫去提升。

"如果让你从投资人的角度去考虑,你觉得什么样的公司是他们更愿意投资的?"换位思考可以促进他改变视角。

"主要还是要看计划书吧。反正我每次都是把计划书拿过去,毕恭毕敬地对投资人说:'这是我们公司的计划书,还请您多指教。'"

我看了看他,发现他是真的就这么认为的,只能再问上一句:"除了计划书外,还有其他因素会影响投资人决策吗?"

"路演,或者私人的关系。私人关系,这个应该不算在内吧。"

如同外向的表达者需要和内向的思考者合作一样,对于这位技术出身的创业者而言,他需要提升的是理解别人的能力和表达自己想法的能力,二者归一,即沟通能力。给公司打工只需要专业技术就可以,如果选择了创业,就不仅仅需要你具有专业技术。"酒香也怕巷子深",作为公司创始人,你的表达能力、对他人感同身受的能力等同样至关重要。如果没有合伙人,就必须使自己达到内外兼修的状态。

当意识到来访者真的是一无所知，就不要引导了，直接进行指导。

"如果你愿意，我来分享一下一个项目的完整历程，也许会对你有一些启发。"

"太好了！我确实是不知道……"

"创业计划是展示给你的投资人或者内部员工看的，一般需要4个步骤才能完成。"我指了指旁边早已放下的商业计划书，其确实很沉。

"第一步，最多用3句话说清你的项目。这个不用写出来，但是必须要能够说出来。"

"第二步，准备展示你们项目的PPT（幻灯片）或者视频。当你用3句话给投资人说清楚项目后，他会愿意多听一点儿。"

"第三步，做一个简洁版本的商业计划书，十几页即可，但绝对不是眼前的这个。"我又指了指那本"万恶"的商业计划书。

"最后一步，才是眼前的这本计划书，一般是完整版的。"

"人们会习惯于循序渐进地接受陌生事物，投资人也是。设想一下，你直接把这么一本厚厚的计划书塞给人家，并且没有更多的解释，你觉得会有多少人愿意去看？而且……"我停顿了一下，"你看，从你进来到现在，我看你的计划书了吗？这个计划书的厚度让我这个提供服务的咨询师都望而却步，你说那些天天看几十个项目计划书的天使投资人，他们会认真看吗？"

他不好意思地笑了："我是从网上搜索的'商业计划书模板'，然后照着上面的要求整理出来的。做完还挺有成就感的，就是觉得有点儿费纸……"

"每次都给投资人一份却得不到回应，你得多心疼你的打印纸啊。"

"是，一共80多页呢。"他哈哈大笑起来。

"所以，你需要一个逐步打动投资人的过程。假如，我现在就是一名非常善良的投资人，我比一般的天使投资人还要天使，还要善良。你把计划书给我了，这么厚！让我很不爽，但是我控制住了内心的愠怒，把你的计划书放在一边。我想给你个机会，所以我会问你，能不能用3句话把你的项目跟我说一说。你会怎么和我说？"

他开始思索，组织语言："嗯，我是个做智能机械手臂的，我想把我的产品投入市场，所以……您……唉，不对，太直接了……"

"没关系，先尝试说完。"我鼓励他，这有可能是他第一次尝试结构化的描述。

"好的。您好，老师，我是生产智能机械手臂的厂商，现正准备把产品投入市场，您看我们之间有没有合作的机会？"

我把他所说的内容大致记录下来，然后说："这三句话想要达成的目标是引起投资人的注意力，是为了赢得把项目计划书或者PPT发给对方看的机会。现在，给自己打打分，1~10分，10分是投资人听完你的话，就觉得太棒了，一定要听听你的详细想法，1分是基本没戏。按你刚才的描述，你觉得能给自己打几分？"

"嗯……4分吧。我想，如果投资人本身对这个领域感兴趣，就会愿意听我讲下去。"

"如果我们可以将分数提高一些，你觉得大概到多少分，会是自己今天比较满意的结果呢？"

"大概七八分就有戏了。"

我继续鼓励他："你的表达如果真的能到七八分，投资人听后会是什么样的状态？"

"投资人可能会说，听起来还不错，你再说说；或者，会点头赞许吧。以前投资人每次看我拿这么厚的一本计划书，眉头都皱起来了。"

我继续关注他需要改变和成长的部分，并帮助他忽略过去纠结的感受：

"是的，看来我们需要为他们的赞许或者'听起来还不错'这样的话来重新设计你的这3句话了。你想想，怎么说才会让他们有这种表现呢？"

"……要说什么呢？"

"一般而言，这种表达开头往往是你们解决了什么样的问题；然后是你们做了什么，这需要把你的亮点加进去；最后表达一种连接，'如果您对我们的项目感兴趣，还请您多多指教'，递上名片或者加个联系方式，就可以了。"

"是哦，这么说来比较顺。"

"你再来试试看。我不太了解智能机械手臂，但我唯一的要求，就是让我这个投资人对此感兴趣。"我看着他，两人重新进入刚才的角色扮演场景。

"您好，您知道智能机械手臂……这个不对……"

就这样，他组织了好几分钟的语言，就像是个刚刚开始学步的孩子。然而在这个过程中，他的表达能力有了很大的提升。

"传统的智能机械手臂成本很高，柔性度不够。我们的产品不但成本低，而且具有柔性操作的优势，可推广应用于家庭。您感兴趣的话，我们能否找时间再沟通一下？"说完这句话的时候，他有些眉飞色舞，就像是一个第一次把自行车顺利地骑走的孩子。

"太好了！你觉得这次可以打几分了？"

"八九分吧，比我想的还要好。"他有一种跃跃欲试的冲动。

"接下来就是不断重复地练习，直到能使你表现出从容自信的状态。我们继续下一个话题：如果对方感兴趣，想要了解更详细的项目内容，你现在能否展示一些翔实的资料，如PPT或者简要的计划书？"

"这个能，但是内容七拼八凑的，正如您说的欠缺系统性。老师有没有好的建议？"

"那我们就说一说PPT吧。一般来讲，它起码需要包括10个方面的内容。我逐一说明，你回想一下，看看你的 PPT 有没有涉及。"

"老师，您等一下。"他拿出自己的电脑，开始记录。

"第一部分，先要说清楚市场上存在什么样的问题。就像你刚才说的智能手臂行业存在的问题：成本高，目前无法民用。在这部分内容中，不用给投资人论证市场有多大，核心在于说明当下存在的问题。"

"市场存在的问题，以前没写过，这一块我思考得很充分，记下了。"

"第二部分，提出针对这个问题的解决方案。这里有两个要求：第一，书面表达上逻辑性要好，最好通过'第一、第二、第三'这样的形式呈现出来；第二，语言表达时，需要把观众当成用户。"

"嗯。这个怎么理解？"

"在介绍产品或者服务时，可以说：'如果您是我们的客户，我们将提供：1.智能机械手臂的安装服务；2.各种款式。'诸如此类。把观者当成你的客户，其在感官上也就更容易和你拉近距离。"

"哦，原来如此，我明白了。这一点我以前做得确实不够好。第三部分呢？"

"第三部分，描述清楚你的目标客户。这里必须要注意，你的目标客户要清晰具体，既有天使客户，也有大众客户，但是千万不要想当然地认为所有的人都会买你们的产品，更不要像某些创业者那样刻意地夸大自己的表现力。现在，你想问天使客户是什么意思吧？"

"哈哈，是的。"

"天使客户，一般是指对你的产品或者服务最热衷、需求最强烈，并且还会因为你的产品或者服务足够好，主动帮你做宣传的用户群体，也就是你的铁杆粉丝。我们需要把他们的人口学信息、日常生活的状态、内心的需求等诸多方面描述出来。如果有人问到你们产品的一类天使客户，就是我刚才说的需求强烈并且愿意向别人分享产品的客户，你会怎么形容他们？"

"这个问题我们还真的想过。天使客户，即是那些年龄超过70岁、自理能力较差的老人。宣传的对象以他们的子女为主。这些人没有太多的时间去照顾家里的老人，内心怀有愧疚感，希望老人在自己不在的时候能够安全、健康。"

"很好，你说得已经够细致了，当然还需要去评估。如：首先，整个市场有多少这样的老人？其次，你们的定价和渠道能够覆盖到的客户有多少？最后，如何让第一批购买产品的天使客户，义务帮你们做宣传，让更多的人知道你们的产品？"

"嗯，我记下来了。那么第四个呢？"

"第四个和第三个内容息息相关。找到目标客户之后，你就需要论证市场规模有多大。这里不仅仅包含了你的天使客户，也包含了所有相关的客户。不要在描述中出现'我认为基本上所有的人都会喜欢我们的产品'之类的话，投资人是根本不会相信的。"

"好的。感觉逻辑还挺通顺的。"

"前面四个内容说的都是自己想要做的，包括市场有什么问题，我怎么解决，为谁解决，总共有多少人。接下来要说明的是，为什么是你们来做这件事的问题了，也就是竞争对手的分析。你需要详细地分析你的竞争对手，并且了解你们自己的优劣势。"

"SWOT（态势分析法）分析，对不对？"

"SWOT分析只是其中一部分，我说的是竞争对手的分析，不仅仅包括你当下的直接竞争对手，还有一些是间接竞争对手。你们之间行业和产品虽然不同，但是满足客户的需求是相似的。如，你们产品主要服务于身体不便的老人，那么满足类似需求的行业还有家政服务行业，智能家居里也有相关的服务……这些都需要客观全面地进行描述。要知道，打败移动短信业务的不是联通也不是电信，而是腾讯的微信。"

"嗯,我明白了,视野要大一些。"

"第六部分,描述清楚你们项目不可替代的核心竞争力。你们企业与众不同的地方是什么?是高性价比,还是无与伦比的品质?是营销团队好,还是团队专业度高?当然,最好是一个各方面都完美的公司,但完美是不存在的,强调一个核心重点就足够了。"

"是的,专业技术和团队还是最重要的。我之前太执着于项目了,没有考虑过怎么包装自己的团队。"

"第七部分是企业发展具体的执行计划。一个企业越清楚自己的目标,越可以在不确定的商业环境中找到确定感,所以公司要有'里程碑事件'来说明未来的发展重要时刻。如,公司发展 1 年达到 ××× 的业绩标准,3 年实现盈亏平衡,5 年获得 C 轮融资,等等。这里唯一需要规避的就是过度夸大这些里程碑事件,理性客观地描述更容易打动投资人。"

"好的,我让公司负责发展战略的合伙人想一想,规划一下。"

"第八项内容是你们的赢利模式和财务分析,也就是怎么赚钱,能够赚多少。作为一个初创公司,没弄明白赢利模式也是正常的,知之为知之,能写多少就写多少。人们在钱上最容易乐观了,这也是一个心理学研究发现的现象。所以,我们要规避盲目乐观,同样,投资人也不愿意看到盲目乐观的创业者。"

"老师,你看,我的计划书里还有这一部分。"他把计划书翻得哗啦哗啦响。果不其然,里面更多的数据都是一些公式和算法。

"嗯,你看看其中的数字。如果我是投资人,我只看两个问题:这家公司过去的数字漂亮不漂亮,这方面一般通过你们的现金流量表、资产负债表和利润表来呈现;另一个,我想要知道你们对于未来的预测,这需要和公司内的财务人员沟通一下,他们比咱俩都专业多了。专业的事还是需要专业的人来做。而算法和公式，并非投资人关心的，你罗列这么多，他们的感受和我是一样的：千篇一律，无聊至极。"

"嗯。这也让我有所反思：我是搞专业技术的，让我管理公司确实不合适，还是应该聘用个职业经理人。"

"我们继续来看第九部分和第十部分。第九部分是关于团队的介绍，要把团队的某些特质和水平展现出来，越是写得重点突出，对方就越感兴趣。"

"明白了，我回去赶紧改。最后一个呢？"他看了看时间，感觉有点儿不够了，自觉地加快了速度。

"第十部分是其他，可以包含如下内容：融资计划，或者是想从投资人这里拿多少投资，换取多少股权；目前的股权架构；未来可能涉及的商业风险；等等，都可以呈现给投资人看。看到这里，一个人的注意力也就到此为止了。大部分人能持续地关注某件事情也就是20分钟左右。在路演、投融资的活动方面，投资人更容易疲劳。这也是一个项目只介绍五六分钟的原因。因此，创业者需要把最核心的内容快速表达出来，抓住他们的注意力，后续才会有愉快地签投资意向书的机会啊。"

"嗯。这些内容够我消化好久的了，谢谢老师！"

"下周过来的时候，很期待能够看到你的3句话展示、PPT展示、简单版的计划书。我是真的不想再看到这么一沓子计划书了。"我向他做出一个撇嘴的表情。

"好！一定不辱使命！"

创业心理工具 5：创业计划制订四步法

一说到创业计划，有人就煞有其事地说："你需要先有一份商业计划书。"

人们对商业计划书，也就是 BP 如此崇拜，似乎都可以称之为"BP 教"了。在硅谷等创业基地，创业界却掀起了"反 BP"的风潮，理由是：在你还没有实践你的创业计划之前，任何落在纸上的内容，都可能会成为一种限制。

遵循最小可行性产品（MVP）的原则，创业计划可以分为循序渐进的四步。在这一过程中，你可以不断地更新迭代你的创业计划，使之更为合理、完善。

创业计划第一步，完成"电梯演讲"，即用 3 句话说清你要做什么，这是创业者的基本功。一般推荐如下"套路"：

"你好，我是 xxx。目前市场上存在着……的问题，我们可以……（解决问题）。如果您对我们的项目感兴趣，这是我的联系方式（加微信、交换名片、留下邮箱等）。"

创业计划第二步，制作精简版本的创业计划 PPT。

PPT 能帮助人们提纲挈领地描述某个问题。相比于"电梯演讲"，PPT 更翔实；相比于完整的创业计划书，PPT 更适合于演讲展示。按照"十页大纲式创业计划 PPT"梳理出：1. 目前市场上存在的问题；2. 问题的解决方案；3. 产品/服务的目标用户；4. 市场规模；5. 竞争对手；6. 核心竞争力；7. 执行计划；8. 赢利模式；9. 团队介绍；10. 投资人（其他）。

创业计划第三步，根据创业九宫格（如表 5-3），写出最简单版本的创业计划书。

表 5-3

市场问题	解决方案	用户定位
市场规模	竞争优势	商业模式
收入描述	团队介绍	投资期待

创业计划第四步，参照标准商业计划书的模板，完成 60~80 页的商业计划书。

网络上有许多有关商业计划书的模板，也可以参考我的另一本图书《创行——大学生创新创业实务》。

第六章
团队里,你的定位是什么

说到创业团队,人们总会认为它就是一群一起努力奋斗的人。殊不知,创业团队的角色定位、发展过程、相互沟通……学问大得很。

我是团队的救世主

你以救世主的形象吸引来的人,是来干活的,还是等着你来拯救的?

想要去拯救别人的人,内心往往住着一个想要被拯救的孩子。

来访者,男,34岁。这是他的第五次电话咨询了,以前每次都是探讨家庭问题,今天的开场似乎有一些不同。

"老师,我这段时间特别忙乱。上次我来咨询,您让我好好地对待自己,我确实开始让自己的生活变得规律起来,也让自己与家人的关系趋于亲密稳定。但是在工作方面,我感觉还是不能善待自己。"

这很正常,我们的生活就像是由木板组成的木桶,每一块木板就是一个具体的角色。当一块板子补好了,变得更长了,其他原来看上去正常的板子就显得不够长了。如果一个人解决了他和原生家庭的问题,亲密关系的状况就会凸现出来；当亲密关系的问题也得以解决了，职业发展就成了最短的板子，需要去直接面对了。

"我记得你在西南农村地区领导着一个公益组织，目的是帮助当地留守儿童和贫困学生接受更好的教育。你是项目的发起人，做了大概有3年时间了，对吧？"我们之前的几次咨询都没有聊过和工作有关的话题，这一次，他想要聚焦的重点可能是自己的职业发展了。

"是的。"

"你刚才说到，你感觉在工作中反而不能善待自己了，能多说一点儿吗？"原有的内容不足以让我判断出他在职业发展方面存在什么问题。

"不得不说，我3年前做出了一个看似伟大的决定，我辞掉了高薪工作，到一个偏远山村做公益项目，当时，我周围的亲朋好友都觉得我很伟大。但是今天看来，只能叫作看似伟大了。"

他在电话那头顿了顿，大概是在梳理思绪。

"这边，政府和老百姓都非常欢迎有人来做公益，所以机构的注册很顺利，还有很多当地的朋友也积极参与进来，和我一起为孩子们提供教育服务。3年来有不少磕磕绊绊，但项目总算是步入正轨了。我们做了一些规模不大但内容很精致的公益项目，也算是小有名气了。不过，从上次你说到要善待自己开始，我发现自己的工作状态是有问题的。"

他又顿了顿，正题来了。

"现在的情况是，与其说是有创业团队，不如说是我一个人在干活。我需要应付各种各样的事情，就连开会他们都不能准时到场，尽管我再三强调，他们还是会迟到，理由是当地人都这样。好多事情都需要我亲力亲为，我真的是累得不行了。"

我脑海里浮现出西南地区那云淡风轻的悠闲生活。

"我来问你几个问题。第一个问题：从你最初创办公益组织到现在，他们的工作作风是一直如此，还是有变化的？"

他不假思索地直接回答："一直如此，开会、做事都懒洋洋的。不管什么事情都拿不定主意，只会来问我。我一直强调我们是合伙人、是一起共事的人。但是感觉他们是我雇用来的员工，而且还是最懒的那种员工。"

我在记录本上写下"一直如此"。

"第二个问题，你从什么时候开始意识到团队的这个问题的？"

"以前我总觉得他们的业务能力都不强，我是项目的发起人，需要多培养、多激励他们。最近，我觉得不对劲，机构不是我一个人的，有事应大家共同来做，为什么我自己要这么辛苦呢？"

"也就是说你是最近才产生这样的感受的，对吧？"

"对的。"

我又记录下"最近感受"。

"我想了解一下，这件事让你意识到什么样的团队才是你最期待的？"

"我不想让自己成为这个团队中唯一做事的人……我希望他们能有点儿合伙人的意识，毕竟他们不是来打工的。"

"我有一些自己的想法，就像你以前了解的那样，我说说，你听听，如何？"我们之间已经形成了一定的"默契"：他愿意听我说一些我的想法，而且他有权去认可或不认可我的想法。

"好的，老师，我正想听听您的想法呢。"他在电话那头笑了。

"嗯，3年前，你把自己之前在金融公司的工作辞掉，选择进入公益行业，毅然决然地到偏远地区开始创业，这在很多人看来是不可思议的。所以，他们会认为你是'伟大的'、是'舍小家为大家的'，甚至是一种'救世主'的形象。在这样的背景下，你觉得自己吸引来的人都是什么样的人？他们是来干活的，还是等着你来拯救的？"

"……"

半分钟后，我"喂"一声，提醒他一下，看看他想得怎么样了。

"我想起一位曾经合作过的朋友，他后来离开了团队。在走之前，他告诉我说：'你在我们心中就是个救世主，就是来救我们的。'我突然想起了这句话。我们之前做得太不专业了，我说的不专业不是教育及公益服务方面的不专业，而是团队组织方面的不专业。我现在意识到了这是我的问题。"

"是的。作为创始人，你的风格容易吸引来和你匹配的人。在你的团队中，你越是以拯救者、救世主的角色吸引合伙人，他们也越成了需要被拯救的、被帮助的人。"

这不仅仅是他这个公益项目的状况，也可以说是目前我国公益组织的主要现状。大部分的公益组织发起人都有以自我牺牲为代价的拯救、助人的情结，自己在无形中做了救世主还不自知，而自己的力量又不足够强大，结果自然是活活把自己累趴下。

"那么，你今天已经意识到需要改变自己的角色了。你希望这个团队应该是什么样的呢？"之所以这么问，是为了了解他的期待。

"我们需要有专业团队的形象，比如开会都不能迟到。另外，做事更缜密一些，把我们这个项目最核心的事情做好。"

"如果有了这样的团队，对于你而言有什么样的意义呢？"我继续问下一个问题，以了解这一期待背后的价值。

"如果团队分工明确并能高效运转，我就会觉得自己会比现在轻松，做事也会更有效率。"

一个人的本性，无论经过多少年都很难改变。单从这几句自然流露的表述中，我们就可以听出，他其实有一颗很企业化、很专业化的心。然而，事情却不遂人意。他因自己的救世主情结而在偏远地区无条件地付出，期待有一群志同道合的专业人士一起合作，但遇到的却是一群想要游山玩水、"不务正业"的乌合之众，他的心情可想而知。

"就今天而言，你觉得寻找令自己满意的团队比较大的挑战和风险是什么？"问这个问题，是为了了解其中可能面对的风险。

"哎……还是人难找，目前只有我在努力改变，我之前一直特别抵触找合伙人。"

"那当然了，当救世主爽得很呢，自然不愿意找别人了。"我在心中"吐槽"了一下。

"我想制订一套招人的标准，虽然在当地招到合适的人才有难度，不过为了能有长远的发展还是要试一试的。关于团队人员这一点，也让我明白，为什么时间过去了这么久，我们的事业却没有什么大发展。"说到这里，他自己笑了，好像明白了很多，"我以前把自己当成是救世主，感觉他们就是我怀中长不大的孩子。现在，我不想做救世主了，只想做一个团队的领导者。我那么累，谁救我啊！"

"是啊，谁来救你？"我用复述来强化他内心的感受。一切都是最好的安排，只有他自己意识到"我需要更好地关爱自己"，才能明白这么多年在工作中所有的苦和累，事实上都是他自己"争取"来的。

"风险方面，招人的标准以及如何找到合适的人是一个很大的挑战，除此之外还有吗？"

"关于自己角色的调整。我对这件事越来越有信心，尤其前面的几次咨询解决了我和家庭之间的矛盾。当我不再靠牺牲自己来拯救父母时，就能与他们在我心目中的形象和睦相处了。"

这是上一次咨询中我和他说过的一句话，看来这句话已深入到他的心里了。

我把这一条风险记录下来之后，继续问他："除了招人的标准、如何找合适的人，还有自己角色的调整，让自己成为一位不再以牺牲自我来拯救他人的人。那么，除此以外，你觉得还有其他需要应对的风险吗？"

"我想，应该没有了。"

"好，你要做些什么事情才能让自己处理好团队的问题，进而更好地善待自己呢？"

"还是要先找到我认同的人，邀请他们加入我的团队……做合伙人。"

他笑了，他在自己内心明确了招聘来的是合伙人，而不是被拯救对象。

他接着说："当然，我觉得还是会有难度……这边不是大城市，找个企业化的人才很难……"

"一方面积极寻找，也许有效；另一方面，应对这个现状，你觉得还有哪些方法可以帮助自己实现目标？"

"我最近一直在想，是不是自己之前对待员工的方法有问题，导致自己不能善待自己。"

"你过去安享救世主的角色，今天终于准备做'人'了，那就要把以前救世主对待'被拯救者'的方式改为'创始人'对'合伙人'的态度，要时刻记住：他们是来和你一起干活创业的。现在，你该明白团队的慵懒和懈怠，真正的原因除了当地人的性情和习惯外，到底原因出在谁的身上了吧？"

"……难道和我也有关系？"

"你试着不'救'他们，制定该制定的规则，明确该明确的要求，尝试看看会发生什么变化。你变了，世界也就变了。"

"嗯，与在外面招人相比较，还是在内部明确规则，自己把自己拉下神坛更容易。"电话对面的他呼了一口气，"我累了，我也不需要靠拯救他们来证明自己了。"

"'我不需要靠拯救他们来证明自己了。'这句话说得太好了。"我欣喜于他内心深处这一重要的改变，"你觉得你需要做出什么样的改变，才可以让我意识到，你确实'不需要靠拯救别人来证明自己了'？"

"就从开会这件事情做起吧。他们不是被我拯救的孩子，所以我会明确要求，开会迟到者，前三次扣钱，第四次走人。现在，我这里养的闲人有点儿太多了。"

"我可以这么理解吗？下周打电话时，你会公布并正式施行会议制度。到时候，我们可以从这件事的执行上看到你是否在改变。"

"是的，一个小的改变就会带动大的改变。我在开会这件事上开始严格要求，他们就会发现我的变化。愿意一起做项目的员工会继续留下来，本来不合适的人就会离开。总之，我希望这个项目可以良性运转下去。"

"很好，那我就期待你在下一次会议时有较大的改变。"

"嗯，老师，您就等我的好消息吧。"

一个人心理越健康，根据环境做出调整的能力也就越强。然而，除了我们意识到可以调整的内容之外，还有很多状况下是无意识而为之的。比如，不知为何我们不喜欢某些人；自己本来意识到在做自我牺牲，但还是控制不住地"燃尽自己,照亮他人"……如果这些只是个人风格,无可厚非,但是在团队中,一些不自知的风格会于无形中影响到团队,进而出现不可预知的问题。

一些心理学家根据投射性认同把人们在团体中的互动分为4种类型:

依赖型:有的人在团队中靠示弱、卖萌获得他人的认可,呈现出一种"你们都好棒啊,你看我就不行……"的特征,这样的人有时会和那些善于展示自己能力的人组成很好的团队。"大树底下好乘凉",我负责卖萌,你负责强大。如果遇到要求严格苛责的领导,那么他在团队中的存在就是灾难性的了。

权力型:这一类人在团队中会不由自主地表现自己的能力,有抱负心和强大的特质,他们认为"不管怎么样,我就是对的",常会做出颐指气使和武断粗暴的举动,引领团队偏向盲目的短视行为。

情欲型:有的人通过一些外在的特征来吸引他人,他们的受关注程度和吸引力足够强大,心中始终认为"我是有魅力的,你们都会被我吸引"。这类人最大的问题在于,他吸引别人的方式主要来自于外在的身体特征,和个人能力的相关度并不高。

奉献型:这一类人通过牺牲自己的时间、精力、金钱等,让别人觉得自己"很不容易""很辛苦"。这种靠自我奉献获取别人关注的人,往往会让团队的其他成员心理压力增大。

除此之外,在萨提亚模式中,根据团体之间的人际沟通模式,人们被分成5种类型:

讨好型:通过讨好别人来建立人际关系。这类人往往就是团队中最会"奉承"别人的人。

指责型：通过挖苦、指责别人来建立人际关系，对方往往会屈从于他的挖苦或指责。这样的人往往是团队中看起来最"横"，其实是大家都不喜欢的"不讲理"的人。

打岔型：在与人沟通时，往往不愿意直接面对问题，而是通过"顾左右而言他""幽默"的方式来迂回。这样的人往往可以化解团队中的冲突，同时也把应该暴露出来的冲突掩盖了起来。

超理性型：在与人沟通的过程中，往往忽略对方的情绪和感受，只用理性、价值、获利等客观标准来衡量。这类人给人一种不近人情的冷漠感。

理想型：这类人能够直面问题，积极关注于他人的感受，又能促进问题的解决。

戏剧治疗法则把人们的类型分为抱怨型、寻求关注型、调停型和回避型。

无论如何分类，你都会意识到，所谓团队，不是人的累加，不是表面上职位所带来的关系，而是每个人都带着自己内心的模式，产生互动的总和。一个人只有了解了自己的心理模式，才能在团队中找准自己的位置。

公司里为什么会结帮拉派

公司初创时，几个合伙人是同生共死的好兄弟，但后加入的合伙人对其他人感觉就没那么亲了，互相之间便有了争执，有了猜疑，进而不再信任。

第六章 团队里，你的定位是什么

在一家创业者心理工作坊中，一位公司创始人谈到了自己团队间的那些事儿：

"每个创业公司初始的故事都很美好，大家为了梦想共同拼搏努力。当事业发展、团队扩大后，人与人之间的关系就变得越来越麻烦。"

这个话题一抛出，立时引起大家强烈的共鸣。

"可不是嘛！我和一起创立公司的其他3个人都是出生入死的兄弟；一年后，公司招进15个人，结果人越多越麻烦。"

"大家可真的要重视这个问题，"一位看上去40多岁的创业者说，"我的上一家公司，技术、专利保护得都挺好，后来却因为团队里有了奸细，把技术都带走了，结果公司倒闭了。"

……

一瞬间，工作坊变成了控诉大会会场，但宣泄效果再好，解决问题还得靠具体的方案。

我对引发话题的那个人说："你这个话题一出，看大家的反馈就知道这是个共同关注的热门问题了。"

在场的人纷纷表示认同。我继续说："接下来把你提出的问题当作案例，对此做深入探讨，你看可以吗？"探讨这个比较敏感的问题，还需先征得当事人同意才可以，万一人家仅仅是"吐槽"一下呢。

"求之不得呀，薛老师，这件事正让我苦恼呢。"案主很兴奋，想必他是久受其害了。

"先请你描述一下你团队的状况和你想要解决的问题，如果大家有想要问的问题，过一会再来问。"我事先定下规则。

"我们的团队目前有23个人，6个合伙人在管理层。在创业公司，大家就是一起奋斗。管理层主要负责技术、财务和营销等方面，问题主要出在负责销售和负责财务的人身上。他们两个是去年从外面招进来的，工作能力强，也服从管理，但是在关系上总感觉没那么亲近。最近一段时间，我明显感觉财务部门在对研发部门所需开支的申报和审批方面，要求严格了很多，我想插手，但又觉得使不上劲，就这样别别扭扭的，已经1个多月了。这是我来参加您课程的主要原因，想来找个解决方案。"

"嗯，现在你们公司的管理层共有6个人，其中财务和销售的负责人与其他人合作起来有些别扭，这个过程大约持续了一个月了，对吧？"

他点头，然后说："还要补充一下，负责财务的女士是销售负责人推荐过来的，他俩关系挺好，我们这四位的关系也很铁。"东北地区的创业者不经意间流露出自己独有的表达方式。

"大家都听到刘先生的讲述了，有什么想法可以直接说出来，说不定能帮助他解决困扰呢。"

虽然我知道大家能想到的往往都是现实方面的问题，但还是有必要让他们参与进来。

我旁边的一位企业家首先问道："不能换个合伙人？"

案主刘先生的回答也很直接快速："也不是没有考虑过，但是觉得太麻烦了。而且财务负责人还是合伙人，要是动了她的股权利益，我担心公司发展会受到影响。"

"那你没有找这两人沟通过？"另外一位学员问得简单明快。

"该说的我都说过了。来上课之前，我分别与这两个人单独吃了饭，他们对我都挺客气，对公司也没有什么意见。现在公司已经运转起来了，大原则、大方向都没问题，就是细节上有些不太让人满意，各人有各人的意见和主意。这些日常的琐事弄得我们几个人很不舒服。"

"要是在我们公司,早就考虑换人了。团队成员不能拧成一股绳,什么事情也干不成。""我们公司也存在这样的问题,后来也是换了人才解决了。"……大家七嘴八舌地讨论开来。

刘先生提到的这几个信息引起了我的关注:"感觉没那么亲。""我想管,又觉得自己使不上劲。""两个人对我都挺客气。"怎么会用"客气"一词来形容一个初创团队彼此的关系呢?

经过几轮的互动探讨之后,我让大家停下来:"我们来看看刘先生的团队是什么样的状况吧。现在请刘先生从在座的人里挑选出5个人,扮成他团队的成员,还有一个做他的替身。把这6个人如同雕塑一般,放到场地中间,至于他们在什么位置、朝向哪里,都由刘先生按他心中的感受来摆放。"

刘先生看了看大家,问我说:"我选这些人有没有什么标准?"

"只要你感觉他可以代表你和你们团队中的其他人就行,没有其他标准。"

然后,他开始挑选自己团队的代表人物,并摆出他们的位置和朝向。如图6-1所示。

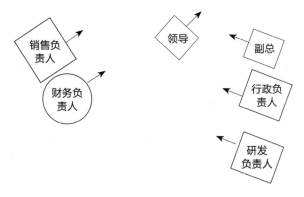

图6-1 某创业团队人员位置及朝向

值得注意的是，虽然在场有好几位女性，但是案主选择的财务负责人替身却是女性中最男性化的一位，这必然意味着什么。

对于如图 6-1 所示的排列方式，我邀请在场的其他人谈谈自己的感觉。有人说，分成了两个阵营；有人说，彼此方向不一致；有人说，拉帮结派。这些说法与发言者自己有关，但也许有的词符合案主自己内心的感觉。不管如何，利用集体的智慧，让案主听到各种声音，对于他也是一种启发。

接下来，我邀请台上的几位替身说一说自己在当下位置的感受。

"销售负责人"：我觉得自己站在这里还挺舒服的，能看到"领导"，偶尔还可以瞟一眼其他的人，而且不用被"领导"盯着，感觉不错。

"财务负责人"：我这里看不到"副总"，被领导挡住了。不过，我也不在意，就自己待着也挺好。

听上去，感觉非常自我。

"副总"：我在这里感觉还不错，主要是离"领导"最近，旁边还有一排合伙人支持我。

"行政负责人"：我刚才站在这里，看着"领导"和"财务负责人"就想笑，我觉得我的职务也就是这两件事：向"领导"汇报，与管钱的"财务负责人"交涉。但是我总觉得自己不太喜欢对面管钱的那个人。

"是的。"案主迫不及待地发话了，"财务负责人和行政负责人总是不对眼。"

"研发负责人"：我也有类似的感觉，看着对面的"财务负责人"，感觉这个距离还可以，不想靠近，也不想看着她。

"领导"（案主的替身）：刚才他把我安排到这里，我就觉得有点儿紧张。后面有两个人，跟我一个方向，感觉像盯着我似的；旁边就看得见一个"副总"，对剩下的几个人好像没有掌控感，觉得心慌。

"是,我就是觉得心慌。我有时候想,如果我不在,他们私底下打起来怎么办?"案主站在旁边,看着自己团队的状况真实地呈现出来,不禁感慨。

"是,团队的人都朝向着你。我看到的感受是,一方面和你关系很好,另一方面感觉是在依赖你,他们看着你感觉可是很舒服的。"我看了看台上的几位扮演者,他们都微微点头表示认同。

"新加入的两位高层看似加入团队了,但是他们的心有没有加入团队呢?看到这样的呈现,听到他们给你描述的感受,你应该已经有答案了吧?"我接着说。

"是,"案主若有所思,"而且我真的没想到,角色扮演者说的就是角色原型的想法。"

这些人是刘先生挑选的,也是他赋予了他们这样的排列位置,就像是把他心里对他们位置的排序外在呈现出来一样,那么他们当然会产生和他心里一致的感受。这种方法也是屡试不爽。

"现在,我们开始做一些调整的工作。刘先生,请你上去换掉你的替身。你站在上面感受一下。"

案主本人站在了替身所站的位置上。

"在这个位置关系中,只有你开始行动,才有可能引发团队其他人的改变。请你在这个环境中,慢慢地做出一些改变。"

台下的人安静地看着台上的人,期待着变化的发生。

案主按照自己感觉到舒服的方式,从往前看的方向转回了头,看了看身边的"副总"等三人,又看了看"营销负责人"和"财务负责人"两人。此时,我让他暂停。

"现在案主转变了身体的朝向,朝两边各看了看,其他人有什么感觉?"

"财务负责人"先说："他转过来，我就好受多了。不然我老看着他的后背，也不知道他到底是怎么想的。"在她的话里，有一些坚硬的东西软化了下来，就像是从一个女汉子变成一个女孩子。

"可是我感觉并不好。""销售负责人"告诉大家，他对这样的改变感觉不舒服，"他往前看我还挺踏实的，他往我们这边看，我就不清楚他要干什么了。我现在甚至有点儿生气，但是并不知道自己为什么不开心。"

当旧有模式被打破，新的平衡建立之时，你需要对当事人表达清楚相关的感受和想法。

不出预料，另外3个人均没有太多的感受。因为他们已经真正在圈子里了。而所谓的圈子，就是其中的成员是一条心的。他们更能接受改变，也明白团队成员彼此之间内心真实的想法，当一个人改变时，另外的成员也会做出有效的调整。

"好，我想请你面对你的'财务负责人'，对她说几句话，如果你认为我说的话和你的感受相似，你可以重复告诉她。"

刘先生点点头，我带着他，来到"财务负责人"面前。

"我很感谢你愿意来到这个团队，和我们一起创业。在接下来的时间里，我会尽我所能地表达我对你的欢迎和信任。"

他重复了一遍。

"我也感谢你这段时间的努力和付出，接下来我也很愿意花更多的时间协助你和团队其他成员进行沟通和交流。"

他重复了一遍。

"而我也会尽己所能，让你感受到我们可以有很好的交流。谢谢你让我知道自己可以为这个团队做出更多的努力。"

他继续重复，而且他说得越来越有真情实感。

最后一步，我看着案主，对他说："接下来，请你按照刚才的思路，说一句你对她想要说的话。"

案主静静地凝视着"财务负责人"，对她说："你在这方面很专业，我也要多听听你的想法和建议。以前总觉得你还不是我的人，有点儿担心。现在想来，如果我不把你当自己人，你怎么会踏踏实实地做我的人呢？"

"疑人不用，用人不疑。"千百年来老祖宗流传下来的这句至理名言，有的创业者平时记得很清楚，一到关键时刻就忘了。

"你要在最后加上一句：对不起。"我对着案主说。

"是的，对不起。"案主看着"财务负责人"说。

"接着，请你来到'销售负责人'这边，也有一些话要跟他说。"

"好的。"案主走到"销售负责人"面前，深深地吸了一口气。

"对于你的加入，我深表感谢。正因为有了你和你的销售团队，我们的公司才得以发展壮大。"对公司的"龙头"，要给予足够的关注和尊重。

他重复了我的话语之后，我又继续说道："接下来的一段时间，我会关注到团队内部的沟通和融合，也许开始会让你觉得有一点儿不知所措。但我相信你能带领团队，提升销售业绩，把工作做到极致。"在"相信"这个词上，我加重了语气。

这句话引发了案主很多感想，因此他在重复时，加入了一些具体的描述，如，你带领多少人的团队，完成了多少业绩，等等。我在想，也许他回去后会把同样的话说给真实的销售负责人听。

"同样，我也诚挚地邀请你……"我对案主说，"接下来的内容，你来补充。"

"同样,我也诚挚地邀请你,除了往前冲以外,别忘记我们是一个团队,要和其他人步调一致起来,我会尽自己最大的能力来支持你!"

那一刻,这个东北汉子的眼睛里有一些闪亮的东西在涌动。

能够让一个初创团队安定和坚持下来的,不是制度,也不是目标,而是一种情谊。

很多人把初创团队比喻为特种部队,彼此的依赖性很重要。成员间彼此越依赖,情感连接就越强,他们彼此交付的不仅仅是成就感,还有对整个团队共同的担当。

"好的,现在请案主站到原来的位置。这次请大家根据自己的感受,做出位置的调整。不用考虑任何理性的因素,只要单纯地感受你更愿意去哪里就可以了。"

随后,6个人分别做出了一些位置和朝向的调整。很有趣,虽然之前仅仅是说了一些话,做了一些描述,但是有一些事情在不经意间发生了变化。

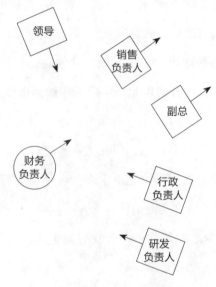

图6-2 调整后的人员位置及朝向

工作坊中的其他人在旁边走动,从不同角度观察着这个团队的新变化,大家议论纷纷。于是我邀请台上的人说一说自己的想法。

"销售负责人":走了一下,我发现自己最适合的还是靠前的位置,我更愿意认准方向往前冲。后来领导在我旁边站定了,我感觉他还是很支持我的,所以就稍微往这边靠了靠。

领导:老师给了我很多启发,接下来我要在团队的沟通建设上多花一些时间。我相信我的销售团队可以往前冲。

"财务负责人":听了刚才领导说的话,我更愿意靠近他一些了,不过我还是愿意把我的关注点放在"销售负责人"身上,我觉得这也挺对的。毕竟现在我们团队是为了活下来,没有业绩就会饿死。

"副总":我是最后一个确定位置的,我想着要用更多的精力来支持销售团队,总觉得他们太孤单了。

说到这里的时候,"销售负责人"转头看了一下"副总",冲他幸福地笑了笑。

"研发负责人"和"行政负责人"都是"听话"的角色,他们愿意和"财务负责人"和"销售负责人"有更深入的沟通和交流,让团队接纳他们。

"好的,现在请刚才的领导替身上来替换刘先生。刘先生,你站在外面来看一下现在的这个位置排列,把它留在自己的脑海里。"

案主在外面转了一圈,认认真真地看了一遍。

替身们各自归位后,我问案主:"看到刚才的过程,你应该有一些想法吧。可不可以和大家分享一下?"

案主:"我以前一直关注于目标、业绩,现在才意识到自己的团队已经分成两派了。这一发现让我很吃惊。接下来，我需要回头关注团队了。团队的领导者也许不是销售能力最强的，也不一定是最会算账的，但是他可以把所有的人都凝聚起来。我在这方面，需要补补课。"

我赞赏地回应道："嗯，看来在这个过程中，你已经找到了答案，把关注点从业绩转到团队内部。还有其他方面吗？"

"有。"他继续说，"我觉得自己以前太'对事不对人'了，今后还要对人，叫对人也对事，对人就是动感情。刚才确实把我感动了，你说人家抛家舍业地来和我们一起创业，不就是想成就一番事业吗？我们看上去是一伙的，大家都有股权，但是我觉得自己还是没把人家当成自己人。我以后要多关心人家的生活，创业真是不容易啊！"

"我也感受到了，你能体会到自己的不容易和艰辛，用这种感受去理解你的创业伙伴，是一个很好的改善团队关系的方法。这是第二点，用心对待你的团队伙伴。还有吗？"

"相信任别人能做好他该做的事情。公司的每一块业务我都不一定是最专业的，所以，专业的事还是交给专业的人来做，我也要学会授权。"

"好的，第三方面是学会授权。"

套用天使投资人、Paypal 联合创始人彼得·蒂尔的说法，创业公司在实验自己商业模式的最初阶段，倾向于"人治"，即打关系牌、情感牌，这也是一家创业公司"从 0 到 1"阶段必须具备的意识。随着公司的发展，商业模式逐渐探索清晰，企业"从 1 到 N"延续发展，团队人数越来越多，单纯依靠"人治"已不能解决企业的发展困境，"法治"的重要性才凸显出来。

也有人好奇："难道企业不可以无为而治吗？"我常常这样回答："你觉

得企业团队中每个人都可以如此自律、如此高尚吗?"

下面介绍一下创业团队形成四步法。

《道德经》载:"道生一,一生二,二生三,三生万物。"如果借用这个说法来讲创业团队的形成,也很有意思。

"道生一"阶段:任何一个人想要做事,往往会从自身出发,开始思考自己想要做什么及自己的优势和劣势在哪里,慢慢他会发现"单丝不成线,独木不成林",所有的事情不可能完全靠自己来完成,于是开始寻找合作伙伴,也就是第一个合伙人。

"一生二"阶段:虽然我们有很多影响他人的方式,但第一个合伙人如同你的家人、你的爱人,你们彼此依靠情感而产生密切的关系。这个人一方面和你优势互补,共同进退;另一方面你也凭此让更多的人知道,你的项目是值得信任的,因为你能够吸引到愿意和你共同承担风险的人,他这个人也是值得信任的。这样,你会慢慢建立你的最精简团队。

"二生三"阶段:人体有很多系统,如呼吸系统、消化系统和生殖系统等,各自发挥着自己的功能。团队亦是如此,内部分设很多管理系统。在最恶劣的竞争环境下,可以先忽略、放弃一部分系统,如同壁虎会在危险时舍弃自己的尾巴一样。最精简的团队要确保3件事完全由自己掌控。

管理:管理必须由团队来落实,这一点不能受外在的影响和控制,如同一个人的心智必须由自己来控制。这一点是毋庸置疑的。

财务:财务如同生命体的呼吸系统,资金链断裂等于呼吸中断。因此,财务是初始团队必须自主掌控的。

技术:技术如同生命体持续的造血功能,不能把财富聚集过来,也就没有办法确保生存。因此,核心技术必须由团队把控。

其余的包括行政、公关和市场等功能，在创业初期都可以由外部团队帮助实现。

"三生万物"：到这一阶段，团队内部已经搭建得相对完善，并借助于外界诸多资源，可以走向成功了。

事实上，任何人想要从外界获取更多的资源，成就自身事业，一般都要经历这4个阶段。无论是婚姻（从单身变成有对象，从有对象到建立家庭、养育孩子，再到生生不息的生命延续），还是改变革新（从一个看上去不正常的疯子到坚定的跟随者，再到有人愿意试探性地加入，最后兴起一阵风潮趋势，产生变革），都是同理。

感兴趣的读者可以去阅读马尔科姆·格拉德威尔的图书《引爆点》或是德雷克·西弗思的演讲《如何开启一个欢乐时刻》。关于创业团队如何形成，推荐阅读《创行：大学生创新创业实务》中对于创业团队的完整诠释。

创业小团队，每个人要各司其职

如果地勤、空姐和机长都挤在驾驶舱里开飞机，那这趟飞行之旅的后果可想而知。企业中，每个员工各就其位，各司其职，企业才能有所作为。

在历时3天的高校创业培训之后，校方把各创业团队召集在一起，开展创业团队"督导会"活动。

这个活动安排得很独特，30个创业团队总共只有一小时的交流时间。

也就是说每个团队都没有办法和其他团队交流，他们最好在 5 分钟内简单快捷地把自己的问题说清。

每个团队都需要我这个导师"望闻问切"，在短时间内切中要害。

"老师，我们是一个艺术中心的创业团队，只有 3 个人，"他指了指旁边的一个男孩和一个女孩，"我们的项目是在当地组织舞蹈演艺活动。"

男孩的目光炯炯有神，应该是团队的负责人，于是我问他："你们目前的困扰是什么呢？"

"我觉得我们的市场太小了，赢利很困难。"

"你们目前是依靠演艺活动来赚钱吧！还有别的方式吗？"

"我们目前参加当地的商演，如一些商家周末搞活动，我们去助演。另外就是为培训机构的幼儿做艺术培训。"他回答得很顺畅。

听到他如此流畅地回答，我故意说："这不是挺好的吗？商演、培训，都可以赚钱，比之前那几个团队的发展好多了。"

我指了指之前发言的那几个团队，他们当中有的仅仅有创业想法，有的连客户在哪都不清楚，根本就没有达到能够赢利的阶段。

男孩又说："可是现在赚钱主要是靠我啊……"

男孩刚想继续说什么，旁边的男孩就把话接过来了："老师您不知道，他的舞蹈在当地还是小有名气的。好多机构都是因为他才邀请我们的，我和这位女孩只是去配合一下。"

"哦，我明白了，你们目前主要的竞争力是你的名气和影响力。他俩应该叫作经纪人，或者是弟子，对吧？"

他点点头，说："算是吧。"

"你们 3 个人的团队中，每个人的定位分别是什么呢？"

3个人面面相觑，说不出来。

"你，"我指指那个舞林高手（暂且这么称呼吧），"是团队的核心，是专业技术核心，有人脉，有影响力，是团队的主要收入来源对吧？"

他点点头。

"你，"我指向另外一个男孩，"作为学弟，定位于打造品牌形象，负责行政事务处理，同时从工作中学习舞蹈。综合起来，你就是做好全职助理工作。你认同这个定位吗？"

他想了想，说："我认同。"

"你，"我面对那个一直没说话的女孩，"我猜你应该是他女朋友吧。"我指着舞林高手。

"老师，这你都知道！"旁边的几个同学惊呼道。

看着他们惊奇的表情，我心想：也不想想老师是干什么的！

"作为女朋友，本身也承载了协助、支持的角色。你目前是不是也是这样定位的？"

女孩开始还有点儿害羞，后来认真地听完我的问题之后，回答说："是的，我就是这个想法。不过，我也希望能跟着他学舞蹈。"

"好家伙，你旁边这两位虽然现在当助理，未来都是想要当高手的。"我看着舞林高手，对他开玩笑说。

"基于现在的情况，你是否找到了收入提不上去的原因？"我看着他问。

男孩摇摇头，也许专业技术很强的人确实不善于经营吧。

"你们团队一共有3个人，其中只有一位可以称之为'核心产品'，另外两位的定位都是捆绑销售的'赠品'。当然，这只是个比喻。既然团队的定位是打造一个精品，其他人就应该成为助理。"

他们边听边点头。

"你们现在最大的问题在于,每个人都没有搞清楚自己的位置,做核心产品的、做徒弟的、做经纪人的都没有做好自己该做的事情,胡子眉毛一把抓,当然有问题了。我来问你,"我面对武林高手,"你觉得一个专业的、在行业内有声誉的舞蹈人士,应该靠什么获取价值?应该有什么样的姿态?"

看到在场的很多人都在认真地聆听,我把这个问题抛给了大家:"大家也可以想一想,给他一些启发。"

"专业的人需要有经纪人。"有个学生喊道。

"舞蹈水平高,可以带徒弟。"也有人给出了建议。

"专业的一般都很'傲娇'的!"这位同学的描述引得大家哄堂大笑。

当这位潇洒的武林高手还在"蒙圈"的状态下时,大家已经七嘴八舌地给了他很多想法和建议。我请他认真地思考各位同学的建议,然后对他说:"现在,你从中发现自己可以做什么,才能更好地获得价值了吧?"

"老师,我好像明白一些了。以前每次接商演,都是我自己去谈判,但是我又不好意思要较高的出场费。以后我要让他俩做我的经纪人,专门去谈出场费问题,毕竟专业的人出面谈钱不妥当。"

我点头示意他继续说。

"还有,我一直没想过带徒弟。经您这么一说,我觉得可以让他俩去做宣传,可能会产生很好的效果。"

"是的,很好。那你们俩呢?"我转向另外两位同学,"你们应该有的姿态是什么?可以依靠什么获取价值?"

"出卖劳动力!"刚才喊"傲娇"的同学又叫道,其头脑的灵活劲儿引得大家再次开心地笑了起来。

"是的，创业前期确实要出卖劳动力，"这个负责行政事务的男孩说，"我一边帮助他打理各种事务，一边用心学习舞蹈，这样就可以形成您说的'铁粉经济'了。给自己1年的时间，把舞蹈水平和名气提升起来，到时候就可以和他一起赚钱了。"

武林高手朝自己的伙伴点点头，显得很有默契。

女孩看了看他俩，对我说："我可以负责招生，上次给孩子培训的招生工作就做得不错，我再继续努力，把他（武林高手）的弟子班办起来。"

"很好，"他们3个人都清楚地知道了自己的方向和位置，"你们几个看似是项目发展出现问题，实际上是团队的每个成员不能明晰地为自己定位造成的。如果地勤、空姐和机长都挤在驾驶舱里开飞机，那这趟飞行之旅的后果可想而知。企业，每个员工各就其位，各司其职，企业才能有所作为。"

创业心理工具6：人脉关系图

无论你是否准备创业，只要在社会中生存，你就需要建立你的人脉关系。你的人脉关系怎样呢？

牛津大学人类学教授罗宾·邓巴发现，人类智力能够提供的稳定社交人数为150人左右，这些人确保了你人生各方面的平衡发展。

其中，属于至交层级的大概在5人以内。这些人往往是你最好的朋友，无论是否有血缘关系，他们都可以说是你最重要的经济和情感支持的来源。

死党大概在15人以内。这是那些当你面对生活困难时，第一时间愿意帮助你，而且不太考虑个人得失的人。

好友大概在35人以内。这是那些愿意帮助你，并且能和你聊一些心事的人。

其余的可以称之为熟人。即便一段时间不见面，但是当你见到他的时候，你还会在第一时间喊出他的名字。你们的关系相比于其他人，较容易进入更深的层级。

至交、死党、好友、熟人，这4部分整体构成了150人的"邓巴数"。

互联网时代，我们的交际范围更广，你的微信中会有几百个好友，你的微博也会有成千上万的关注者……虽然你不清楚他们是谁，但是这些人有可能会进入你的150人小圈子。因为随着时间的推移，每个人的150人小圈子里的人都是进出自由的，你可能会被别人排除出150人小圈子，也有可能因为你们之间的不断互动而进入他的150人小圈子。

美国社会学家马克·格拉诺维特发现,人际关系的远近,决定了彼此之间的连接度:强连接更有助于人们的情感连接和执行力的提升;而人际关系越远的弱连接,则有助于人与人之间新鲜想法和创新点子的产生。一个人只有均衡维持不同的人际圈子,才有可能在人际关系中既获得情感依靠,又获得新奇想法。

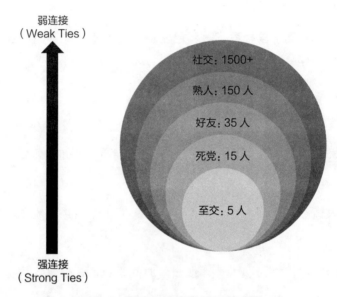

图6-3 马克和罗宾的人际关系图

接下来,我们用工具来帮助梳理你的人脉圈。

1.列出你心目中符合至交、死党、好友、熟人标准的人。一般情况下,越是紧密的层级,罗列出来的人越多、越具体(至交可以罗列5人左右,死党可以罗列5~7人,好友可以罗列10人以上,熟人按类型罗列即可)。

至交:

死党:

好友:

熟人：

2. 总结：回顾你所罗列出的人脉关系，总结以下问题：

人脉关系的完整性：在你所罗列的人脉关系圈中，是否有一些层级的人脉关系是比较难建立的？

人脉关系的来源分布：无论哪个层级的人脉，他们是否来源于你人生的各个领域（诸如来源于同学、家人、客户、旅途上认识的、网络相识的，以及其他）？还是你的人脉来源集中度较高（均来源于相近的领域，比如大部分朋友都是同学、家人……）

人脉关系的稳定性：在你的人脉关系中，尤其是死党、至交层级的人脉，是否有5名以上交往时间超过10年？一般意义上，认识时间越久，信任程度相对越高。

人脉关系的支持性：你的人脉关系是否分布在你的职业发展、学习成长、亲密关系、家庭关系、身心健康、休闲娱乐等领域，还是在一些领域中，你并没有可以与之分享的人（例如，有的人在工作之余完全是独自玩耍，失去了与他人分享的乐趣）？

人脉关系的强弱连接：人脉关系中，有没有一些人可以作为你的强连接，为你提供社会情感支持，可以和你目标一致地快速行动？同样，有没有一些人，作为你的弱连接，可以扩展你的视野，给你带来全新的观点和视角？

3. 行动：结合刚才的问题，你准备为你的人脉圈子做些什么？

一个完整人脉圈的标准是：

第一，可以为人们提供稳定性和流动性。请确保有一些持续10年以上交往的至交和死党，你可以很好地信任这些人，以降低不确定性带来的紧张感；同时确保人脉圈子进出流畅，符合你处在不同年龄阶段的人际交往需要。

第二，可以为人们提供新知和行动力。请确保一些人脉来自固有的圈子之外，可以给你带来更多的创新点子和生活方式；同时确保有一些人能够和你相互支持，在执行方面保持同步。

总之，当你如同"及时雨"宋江一般，可以"投其所好""广结善缘"，让朋友们在你的英雄谱上"各安其位"时，你就坐在你人脉圈中的核心位置——第一把交椅上了。

第七章
突破：从 1 到 N

作为人类，我们一生中需要不断成长和发展，这也是我们与低等动物的最主要差别之一。

时代变了，个人的年龄在增长，你能不能尽快地熟悉变化、适应变化、玩转变化呢？

社群啊，爱你不容易

看别人做社群，就跟着做了。

光看见人家吃肉了，却不了解人家挨揍的过程。

晚上 10 点多，一通电话打了过来。

"薛老师，忙吗？"打来电话的人是我的一位朋友，听说他最近一直在搞社群。

"嗨，你这个好久不给我打电话的人，有什么事想起我了，说说吧。"听着电话那端有点儿消沉的声音，我表达了自己的关心。

"唉，都不好意思和你说。我上周做的活动，来的人很少，我都怀疑自己要不要再做下去了，太没希望了。"我虽然经常从创业咨询的来访者嘴里听到低落的话，但从这么倔强的汉子口中听到，还是让人感到忧伤的。

"你有什么想和我聊的，就说吧，咱们交情在这，你想说啥就说啥。"

"嘿嘿，还是你懂我。我和一个朋友合伙创业，专门服务于那些亲子关系中有问题的家长，给他们提供亲子教育、心理健康方面的产品。我们做了两年，发现现在时代变了，家长要内容，我们要粉丝。我就考虑做社群服务，把这些家长都找来，在线上、线下组织各种公益活动，并邀请各类专业人士来分享。上次还想找你来帮忙的，你说没空。"

"是的，这种活动意义不大，我上次也是和你这么说的。"作为朋友，我完全没有必要掩饰自己内心真实的感受。

"唉，当时听你的就好了，也就不用这么辛苦了。我们找了一批老师，免费的老师中不靠谱的居多。我继续说，你就听我'吐槽'一下吧。"

反正也没事，而且还可以收集与创业有关的信息，顺便"幸灾乐祸"一下，于是我欣然答应了。

"去年我让员工注册了微信公众号，建了微信群和 QQ 群。相关运营开始后，凡是来参加课程培训的，我们就告诉人家，可以在群里聊天，公众号会不定期发布免费活动的消息。用社群的专业术语讲，这叫保持客户黏性。发给客户的文章，有的是我们请老师写的，有的是我们从网上转载的。我们在群里面也经常发发红包，引导家长相互交流。群里有 300 多人，开始还挺好，上完课他们还都愿意聊聊。每周我们也会找不同的老师微课来分享一些话题。起初大家还愿意参与互动，后来互动就越来越少了，很多人就不想听微课了，也没人聊自己家孩子的事情了。这么说吧，除了发红包大家会抢一下，剩下的时间群里很安静。"

"我问一句，红包都是你们公司的人在发吗？大概都发多少钱的？"

"哎哟，我们可下了不少本钱了。开始发的红包是金额比较小的，大家抢几次就觉得没意思了，有学员说这红包也太小了。为了保持大家的积极性，我们开始发大的红包，一次怎么也得发100元，隔三岔五就要发。我们公司赚的那点儿钱都不够发红包的了。"

"啊？只发红包又很安静的群，能不能把我也加进去？"作为朋友，接受我的调侃是必然的。

"哎呀……您就别嘲笑我了，我这都快干不下去了。群里的主要作用就是发红包，当我们宣传课程、宣传咨询时，大家的兴趣都不大。再这么下去，我都想把这个群给解散了！"能听出来我的这位朋友确实是很头疼，要不然也不会大晚上给我打电话。

"那我们来看看啊，"我估计他一听到这句话，心里就会踏实一些了，因为他知道这是我要工作时的标准话术，"这一年期间，也有很多机构在做社群，有的做得很好，有的可能咱们还都不知道就销声匿迹了，销声匿迹的这些一定是他们做了一些不该做的事情，或者有一些应该做的工作没有做，导致最后的失败。"

说到这，我停了一下，接着又忍不住调侃他一下："咦，你是来找我'吐槽'的，还是来找我寻求帮助的？"

"哎呀，大哥，哪敢大半夜找你'吐槽'啊，真的是想取取经，寻求您的帮助啊……"

大半夜"吐槽"，连带寻求解决问题的途径，我见过的只有两种情况：失恋的、创业的。

"好，你一定比我更清楚运营社群的具体细节。你好好思考一下刚才这句话，如果让你总结经验教训，看一看在做社群的过程中，你做了哪些不该做的事情，哪些该做的工作没有做，最终导致你的公司出现今天的状况。你想到了什么，我来帮你总结、梳理。"

"嗯……我是该冷静下来想想了。第一个问题就是请了一批不靠谱的老师来做免费课程，群里有学员明确地说了：'我们付钱都可以，可你别找这样的人来讲课啊。'这句话让我很难堪。"

"社群免费课的师资质量"，我帮助他记录下来，"好的，还有哪些呢？"

"一直发红包算不算？"他有点儿不确定。

"没关系，你就先随便说说，说着说着也许就确定了。"言语可以帮助我们完善、明确自己的想法，所以在没有确定的主意之前，不断地把内心中的声音表达出来，会有很好的促进作用。

"嗯……发红包这件事，我之前是反对的。之前在群里发红包是为了引发大家对于课程的关注。但是，后来随着群里活跃度越来越低，员工们认为是不是需要做点什么才能把社群活跃度重新调动起来，我觉得应该想别的招数了，总发红包影响不好啊……"

"嗯，你把影响不好这个问题多说一点儿。"他越来越意识到问题的真相了。

"……我们是提供专业课程服务的，如果总是无缘无故地发红包，好像给别人一种'这家公司不是无聊，就是有钱，要不怎么会天天发红包'的感觉，我想我们的路子走偏了。"

果然，在不断的言语诉说中，问题的真相慢慢呈现了出来。

"好的，发红包也算是不该做的事情之一，还有其他方面吗？"

"还有……有人在群里'吐槽'，说我们的竞争对手更好，我们认为那人是竞争对手派来的，就把他踢出群了。虽然事情很快就过去了，但是我一直在琢磨，不管他是不是竞争对手派来的，我们对这件事处理得这么草率，显得我们特别小家子气。"

"别人'吐槽'你家课程有问题，你们把人家踢出群了，对吧？"

"是的。这事儿我们做得太小家子气了。万一人家确实是客户,是想帮助我们的,或者有的人本来就是爱'吐槽',这很正常啊。"

看来电话对面的这位大叔已经脑洞大开了。

"是,人们管这种情况叫网络暴力,人家没有发布不良消息,也没有打广告,只是说别人做得好,你们就把人家踢了,我想也许此刻你想到新的可能性了。"

他接着我的话茬说:"是啊,应该和人家好好聊聊他的需求,没准还能把我们的课程服务质量提升一下呢。"

"起码你们错失了这一次的机会。好的,我记下了,这件事我们姑且称之为'吐槽事件'吧。还有没有哪些该做的没做、不该做的倒做了的事情呢?"

"想不到了,大师有什么经验吗?"

果然是不客套,有什么问题会直接问我。

"你了解过社群一般要怎么做才能成功吗?你是否总结出一些基本的方法?"

"哟,这个还真没想过。"

"你开始跟我说的时候我就有感觉,你说看别人做社群,就跟着做了。光看见人家吃肉了,你就没了解人家挨揍的过程?"

"哈哈,是,我还跟周围的人说,你看我们公司多赶时髦,还做社群经济呢。"

"其实到了这个专业细分的时代,任何行业的水都很深。不了解基本的运行过程就贸然上路,摔跟头、'交学费'也是正常的。"

"是,大师说得对……"

"这位先生,您是打算继续让我给贵公司一些建议呢,还是又想到了贵公司在社群经济中存在的问题呢?"听到他说话轻松一些了,我也跟着让语言适度诙谐一下。

"哈,我觉得差不多了,你还有建议吗?"

"我们可以继续分析,要是一会想到别的什么了,再补充也行。你总结出了4个方面的原因:社群师资质量差;无目的地发红包;粗暴地面对成员'吐槽'的行动;没了解社群的运作方式就贸然地跟风。"

我停顿了一下,在听到他的肯定回应后继续说:"接下来我问你,从这些问题中,你能否总结出你们做社群运营过程中的固有模式?"

他说:"固有模式,是什么意思?"

"比如说,引进免费的师资来做社群,是把免费等同于没有价值,这一点背离了免费商业模式的本质。"

"这方面您专业,我是白丁……"

"不了解还敢做社群!发现问题不及时总结调整,等到干不下去了才找我?"说实话,要不是关系好,我怎么可能说得这么直接?

"这一瞬间我觉得自己需要补的课实在是太多了。不过,您刚才说到的固有模式,我倒是有一个总结,我们对客户反馈了解得确实不足,我们请的老师,不是找课酬低的,就是找关系好的。现在想来,课程质量不够好才是砸了自己招牌的关键。"

"对,这就是我所说的固有模式的问题。当下的问题很容易帮助你们找到公司运营的固有模式的缺陷。就像人生病,其实是对旧有生活模式的一种提醒,如有的人夏天总感冒,就要考虑少吹空调或是少吃冷饮;如果肝有问题,就要考虑每天晚上早休息、少喝酒,保持心平气和。从某种意义上讲,企业和个人的模式是基本相同的,都可以窥一斑而见全豹。"

"太对了,我觉得我们公司现在的问题就在这里。我们找的师资都是便宜的，他们也讲不好，没有生源就没有足够的收入去找更好的老师，于是恶性循环就开始了。就像一个人不给自己吃好的、穿好的，最后别人也会觉得这个人太差一样。"

"好恰当的类比。其他几个问题你看出了什么样的固有模式？"我鼓励他继续去思考。

"发红包这件事，我也想过，就好像我们开了一家饭馆，顾客需求的是美味的饭菜，我们却把人家付给我们的钱返现给他们了。"

"哈哈，很好的比喻。"我情不自禁地赞美他的想象力，"人们参与到社群中是需要得到有价值的课程和知识，而你们却不断地把钱返还给了人家。继续，我已经迫不及待地想听到你关于'吐槽'和跟风的比喻了。"

"嗯……"他稍作思考，"吐槽就像我们是一家饭馆，哈哈哈，又是饭馆。人家说我们的饭菜咸了，结果我们的厨子没有了解情况，就把人家轰出去了。至于跟风啊，我觉得我们这家饭馆太盲目了，别人做川菜，我们也跟着做川菜；别人说快餐翻台快，我们就跟着做快餐，而没有发挥出自己的核心竞争力。啊！我们的核心竞争力？"

我明显感觉他拍了一下大腿，惊呼了一声。

"你试想一下，一家饭馆请来了一批便宜但是业余的厨子，顾客想要美味佳肴，你却给人家返现金；顾客说你们家饭菜不好吃，你们没想着去改善和提升饭菜质量，而是把人家轰出去了；最后做得不好，还指望着靠跟风来翻身。你觉得这样的饭馆最终的结果会如何？"

"哈哈哈，必垮无疑。"他笑了，笑声足以抵消内心面对项目失利后所产生的挫败感。

"我再问最后一个问题，关于你们公司做社群的旧模式，你想如何调整？"

"哎，想到了很多，但不知道从哪里开始。薛老师，我需要提示。"

"咱们还是从饭馆的例子来说吧。对于有这一类问题的饭馆，你觉得它该怎么调整？怎样做才能长期持续地赢得回头客？"

"这个好说多了，想要回头客，品质是关键，如同私房菜馆一样，厨师是最关键的，我们就是卖私房菜的嘛！"

"嗯，把关注点放在厨师上，做独一无二的菜品。之后呢？"

"之后就需要让更多的人知道我们的店并登门品尝。为此，我们需开展诸如试吃、低价菜品一类的营销活动。"

"嗯，不管用什么样的营销手段，你们的目的都是把最佳品质的饭菜卖出去，而不是想着靠返现来吸引客户。"我帮助他界定营销的意义。

"是的，不能再干傻事了。"

"把客人请来了，他们喜欢你家私房菜的菜品，但是，有些人吃一次两次就没食欲了，不想再登门了。此时的问题是，怎么才能让他们成为长期的回头客呢？注意，不能把自己做低了，比如白送、一直低价之类的。"

"现在有的菜馆会邀请用户帮助他们改良自己的产品，有家面包店邀请客户来试吃，然后组织客户提意见、说看法，还会让客户自己动手做面包，并给自己做的面包起名字。他们把卖面包这件事玩得特别有意思。他们管这个叫什么来的……"

"参与感。"我的回答言简意赅。

"对！参与感，让客户参与到公司的日常运作中。"

"咱俩通过一家虚拟的饭馆，说出了你接下来要做的3步行动了。"

"好像是。薛老师，我来总结一下，你听听看咱俩说的是不是一回事。"

"好。"我隐约感觉到他已经完全明白了。

"咳咳",他清清嗓子,学着我的口吻,"对于我们的社群,首先,核心还是提供给家长最有用的知识、课程,因此必须找最好的师资。即便是付费,哪怕更贵一些,客户只要有收获还是愿意埋单的。其次,只有把课程和知识产品做到最好,我们的宣传和分享才能得到别人的认可,要不然别人就会觉得你是在忽悠。最后,让客户对我们的课程和知识提出反馈意见,让他们参与到我们课程的更新和升级中来。总结起来,共3个方面:第一,关注课程质量;第二,开展营销活动,邀请用户帮助宣传;第三,让家长参与到我们的课程更新中,使客户觉得是在为他们量身打造课程。"

"完全正确,你已经成功从一个吃货华丽转身为教育社群领导者了。"

"哈哈哈,谢谢薛老师,我感觉思路清晰明确了!"他从最开始的烦躁变成了现在的豁然开朗,"太晚了,不耽误您了。过些天我要邀请您来给我们讲课,这次我明白了,必须付费,而且是能够体现您价值的价格!"

有个段子,特别能表达创业者的心理感受:

"说到创业啊,有句古话叫万事开头难,然后中间难,最后结尾也难。"

失败不可怕,可怕的是一直沉浸于失败者的状态中不能自拔。这句格言,无论对企业,还是对个体发展,都会起到警醒的作用。

如果找不到出路

被工作"绑架"的高校老师,无法进退的中层管理者,亲密关系深陷鸡肋状态中的男女……

> 面对找不到出路的人，不需要告诉他们做什么，因为每个人对自己生命的了解都比旁人多。他们只要把注意力聚焦于当下的感受，内心就会有答案。

这是她第三次来我这里咨询了。前几次，她谈自己的人生，诉说她专断的父亲，说得最多的、最动情的，是让她牵挂了5年的前男友。

她喜欢那种霸道的男人，喜欢他们直接给她方向，告诉她做什么，也喜欢仰视他们。同时，她又不愿意在亲密关系中付出太多，因为她害怕受到伤害，受到刺激。34岁的年纪，恋爱谈了不少，能够真正让她托付终生的人，还是没找到。

今天与往日不同，她穿着一身白裙，清清爽爽地坐在了我对面。

"老师，这一周我的状态还不错，已经不想那个男人了。我们的联系也少了很多，基本上他不找我，我也不会主动找他。"她注视着我说。

"嗯。"帮助一个没有行动力的人走出泥潭，这样的过程本身就需要时间。作为咨询师，我只能陪伴她渐渐觉察，慢慢促进改变的发生。

她看我没有再说什么，于是又接着说了起来："这次来之前，我很犹豫要不要来……"

"嗯？多说一点儿。"有些咨询，你需要积极主动；有些咨询，你需要让对方更多地说出自己内心的冲突。这时，我的不说，就是当下最好的方式。

"我也说不清，就是一想到来见你会觉得很紧张。"

"紧张，有一种紧张的感受。"

我继续保持克制，让对方自由地说，自由地联想。

"是，我在咨询室之外还在想，要不要继续咨询，要不要和你说我已经好了、不需要咨询了？但是我也知道，自己其实并没有好，我还是不会谈恋爱。"

这几句话又为我提供了一些可以透视她内心秘密的素材。

"一方面意识到自己的心态其实还没有变好，另一方面却因为某种紧张的感受想要结束咨询。看来，你对我、对咨询本身，都有一些矛盾的心理。"

诚然，我在同情她，但我更想要的是让她持续地处于这个觉察的状态中。

她仿佛没有听到我的话，而是换了个角度继续说："可是怎样才算是心态好了呢？我都不知道怎么做才算是在好好地谈恋爱。您让我思考之前的感情经历，我觉得很多时候是我太折腾那些人了，最后弄得他们都不能和我好好地相处了。"

到了是时候抛出一个"钩子"给她的时候了。

"我听到了你在思考什么是亲密关系中好的状态，我们谈到现在似乎还没有个结果，但是起码知道你这样折腾男生是不妥的，对吗？"

看到她点头，我继续说："你说今天来咨询之前很紧张，甚至不想来了。我很感谢你真诚地和我分享这些，但是反过来说，我也有一种被折腾的感觉。作为咨询师，听到来访者说曾经不想来咨询了，心里肯定是不愉快的。你对于我这种被折腾的感觉，有什么样的感受？"

"老师，我没有不想来，只是太紧张了，担心自己像上次一样情绪失控，哭得那么厉害……"

抛"钩子"成功，狐狸的小尾巴露了出来，我鼓励她继续说下去。

"你害怕自己情绪失控再次哭出来。一旦这种情况真出现，你会怎么样？"

"我上次向您诉说的时候，内心就有一些声音告诉我'哭什么哭''哭也没有用，又不能解决问题''你至于吗你'，自己好难受，可是它们（内心声音）说得好像又都对。"

毫无疑问，这些声音源于她小时候受到的来自父亲的打压和控制。我仿佛看到，一个小女孩，想要用情绪来表达自己的感受时，却被大人以严厉的方式呵斥、制止。那些声音仿佛在这么说："哭什么哭！""哭有什么用，哭能解决问题吗？""你至于吗你？！""不许哭！"

"一旦听到这些内心的声音，即便是想要表达一些自己的情绪也很难了，所以你总是很隐晦地表达你的感受。这次你的这种因紧张而不想来咨询的想法，即是在用某种很隐晦的方式表达你的情绪。我不知道你是否有这样的感受。"

她没有说话，也许是不置可否，也许是还在体会之中。

"你表达了这些情绪之后，此时的感受如何呢？"

"说实话，很舒服。这么多年，自己一直没找到一个可以表达自己情绪的地方。之前的男朋友经常对我说：'你有事就说事，别老说你不舒服一类的话。'我经常告诉自己没必要说出这些情绪感受，但一旦说出来还是很舒服。我就一直这么矛盾着，没有办法往前走。"

她被困住了。

"听你说了这些，我觉得好像有两种不同的感受在拉扯着你。也许，即便遇到一个可以让你表达真实感受的男人，你内心的另一个声音还是会告诉你不要这么做，因为那样很危险。即便今天有了一些突破，想要尝试性地表达，你的内心还是会犹豫和怀疑：我到底可不可以坦然地表达自己的感受？"

长时间的沉默之后,她说:"是的,我很纠结,既想表达,又有些担心。"

我继续把她拉回到当下:"不过,你有没有发现,在你此刻和我聊天的过程中,你已经很好地表达出你的情绪和感受了。你第一次来咨询的时候,很坦诚地说你不相信心理咨询能帮助到你,然而咨询结束时,你却说没想到心理咨询能够让自己如此放松。还记得这个过程吗?"

"老师,您刚才说的时候,我也在思考自己想表达什么样的情绪,因为这一点对于我确实太富有挑战性了。我可以活得很理性,但是……我不知道怎么去表达这种感受。"

很有趣的是,她一直在表达自己的感受。

我看着她,没说话,让她尽可能地体会当下的感受。

这时,她说话了:"刚才安静的时候,我突然想起了一首歌,是一个朋友推荐给我的,曾经听了好多年,歌名叫《给自己的歌》,老师您听过吗?"

"我也很喜欢这首歌。"我注视她,观察她表情上的细微变化,发现有一点点漠然。

"里面的一句歌词'空空荡荡,嗡嗡作响……'很形象地形容了我平时的状态,我心里好像一直就是这种感觉。"

不知为什么,她显出一脸的沧桑。

"空空荡荡,嗡嗡作响。"我重复这句歌词,细细体会她对于这句歌词的感受和理解。

良久,她没有说话,我尝试着把自己的感受反馈给她:"我有这样一种感受:一个人的内心如果处于冲突的状态下,那他想要说出自己的情感时,就害怕被一些批判的声音说自己这么做是不对的。此刻,人在其中是很被拉扯的。久而久之，那种感受确实会使人的内心变得空空荡荡、嗡嗡作响。"

她那种茫然的感受还在，但眼中的光亮多了一些。

她说："我从来没有如此地沉浸在自己的情绪之中，更没有机会找一个人如此坦然地说出自己的感受。"

更重要的是，她的这些情绪可以被人理解。

"适时地表达自己的感受，对身心有益，只是你内心有很多反对的声音不让你去说而已，对吗？"

"是，我给自己太多束缚了。"

"而且，"我加重了语气，"你会发现在感情生活中，如果你不能表达自己的感受，对方也难以理解你的想法。很多时候，真正限制你做出情感表达的并不是实实在在的那个人，而是你自己内心那些类似'哭什么哭''你至于吗'的声音。如果我感受到你想要表达你的情绪，我就会尽我所能地理解、接受你的情绪。现实中的人们不一定都和我一样，但是限制自己表达的一定是你自己。"

"对，是我限制自己的。您这么说让我想起自己周围的一些朋友，本来我可以对她们说出自己的心里话，好多时候我却没说，总觉得说了也没用。"

"你会发现，当你今天和我表达了你的感受之后，心里确实舒服了一些。在今后的现实生活中，你也许会找到一些让你感觉安全的、不会评判你的人去尝试做一些情绪上的表达。"

"是，您说得对，我现在需要找一些人，向他们表达我的情绪。而且这么一说，我还真的想到了这样的人。"

"通过今天的咨询，你发现自己有需要突破的心态，需要尝试做一些改变，我们接下来的咨询也会根据你的改变来调整目标。最后，我要问你，现在对于来咨询室见我这件事，还会紧张吗？"我笑着看着她。

"哈哈，我说不清今天的状态，只觉得您一直在带我感受当下的情绪，我感觉得到，您是很理解我的。我不紧张了，而且我有了自己想做的事情。"

"好，那我们下次再见。"

面对找不到出路的人，最好的办法既不是总结过去，也不是关注未来，而是把注意力聚焦于当下的感受。用心觉察当下的状态，思考并找到有效的改变方式，然后即刻付诸行动。相信经过一番努力，就会得到最好的结果。

现实生活中类似的情况还有很多：被工作"绑架"的高校老师，无法进退的中层管理者，亲密关系深陷鸡肋状态中的男女……不需要告诉他们做什么，因为每个人对自己生命的了解都比旁人多。只要把注意力聚焦于当下的感受，内心就会有答案。

创业心理工具7：发展状态应对蓝图

经过分析和总结存档的企业和个人咨询的个案资料，我发现无论是企业还是个人的发展，都跳不出以下3种状态：

状态一：增长。已经在不错的状态中了，期待更好。

状态二：衰落。自我评价为不良状态，而且每况愈下。

状态三：不确定。难以评价自己的状态，但对于现状极其不满。

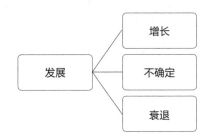

图7-1　企业与个人发展的3种状态

如果想突破瓶颈，继续保持增长的状态，你可以用以下的几句话来问自己：

问目标：结合你当下的成就，未来想达到什么样的目标？

问行动：什么样的行动可助你离这个目标更近一些？

问价值：如果实现这个目标的话，你会从中获得什么价值，其具有什么意义？

问风险：无论我们选择什么样的生活，都需要面对必须承担的风险，你能够考虑到的风险有哪些？并准备采用什么样的应对方式？

问动力：让你持续行动下去的动力是什么？

如果你想要改变持续衰退的局面，以下几句话最适合你用来做自我梳理：

从失败的经历中找根源，查焦点："总结过去的经验教训，哪些是你应该做的事情你未做，哪些不该做的事情你却做了，从而才导致了今天的结果？"

从问题点中看到固定行为模式和其中的意义："从这些问题中，你发现自己有一套什么样的固定行为模式？这些模式对你来说有何价值？"

通过改变固定行为模式，促进积极的改变发生："结合当下的模式，你可以采取什么样的行动，让这件事更好一些？"

如果你处在一个说不清好坏的状态，可以用这样的几句话问自己：

问感受：结合自己当前的状态，你有什么样的感受？谈得越多越好。

问改变：针对当前的状态，你可能想到的改变方法有哪些？不用考虑任何现实，只是先让自己行动起来。

问行动：你具体的行动计划是什么呢？如何开始你的第一步？

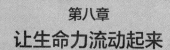

第八章
让生命力流动起来

其实,创业并不一定是创办企业,你个人就是一家企业,你的企业里有不同的部门:身体部、情绪部、认知部、情感部、家庭关系部……

它们之中的任何一个都会出现问题。

无力反抗的男孩

> 外界的压力造成了他的无力感,他长时间地沉溺于"习惯了""没办法"的泥潭中。

午后,我搭乘电梯时,遇到一家人。

"什么电梯,太脏了……"旁边一位中年女性嘟囔了一句。我转头看了看旁边无动于衷的父亲和孩子,出于职业敏感,觉得这几位是我的来访者。

果不其然,20分钟后,助理把他们带到了咨询室里。

他们的信息登记表上,不仅把个人信息、咨询目标等罗列得清清楚楚,还专门附了两张A4纸,工工整整地写下了这位青春期男孩的种种"问题":

"老师您好,我现在在美国读小学,今年六年级了。

"我很自闭,尤其是去了美国以后,更不愿意和别人说话,不愿意和妈妈交流……我在学校里朋友不多,而且不愿意参加学校的各种活动。"

从这些文字中，我仿佛看到一位妈妈正在对自己的孩子进行"声讨"。

"最近，我在学校被一位华人同学欺负了。不知您是否了解，在美国，如果学生在学校里被欺负，可以告知校方并提交证据，施暴者将会受到很严厉的惩罚。但是我没有说，后来我变得更自闭了。"

……

"我以前在国内就不太爱说话，家人觉得把我送到国外会变好，毕竟那边的文化环境更开放。但事实上，我好像更不爱说话了。"

……

"今天来到这里，就是想请老师帮助我解决这个问题。"

看到最后，我笑出了声。从以上信息中，我看到了一个典型的中国家庭的形象：焦灼无力的母亲、逃离亲密关系的父亲，以及放弃抗争的孩子。

果然，从他们落座的一瞬间，这个猜测就呈现了出来。

母亲很自然地拿了一把椅子坐在孩子的旁边，而父亲则"怡然自得"地坐到咨询室最后面的椅子上，过了不到两分钟，就拿出手机摆弄起来。

"薛老师，这是我家孩子，您都了解他的大致情况了吧？他就是不爱说话，在美国生活比较困难，想让您和他聊聊。我们说什么都没有用。"妈妈做出了一个无可奈何的表情。

"好的，我首先需要确认一些基本情况，然后会和孩子单独进行咨询。"即便有的时候问题不一定在孩子这里，但父母会执着地认为"一定是孩子有问题，我们没问题"，我就只能先从孩子入手。

"我看到你们提交的信息上说，孩子是在四年级时从国内转到国外读书的。在国外一直都是您陪着孩子的？"我看着孩子的母亲问道。

"是的，我陪着孩子。我很多年前就不上班了，专门负责他的生活和学习。"

"爸爸在国内？"听到我的问话，在后面一直玩手机的男士抬头看了我一眼，又转过头看着自己的妻子。

"是的，这边有一些生意还需要他爸爸打理，而且经济上也需要他爸爸在国内……"妈妈欲言又止。

妈妈陪着孩子，爸爸在国内孤身奋战，不管彼此间感情好坏，这毕竟已经不是一个依靠亲密关系维系起来的家庭了。家庭的存在是"一切为了孩子"，这在中国是很典型的一种情况。一旦孩子没有达到家长的预期，他们就会产生"我们的所有筹码都赔光了"的感觉。这样的赌局注定会失败，因为孩子不是僵化的筹码，而是活生生的生命。当他感觉到自己是筹码时，就会选择过一种和赌徒（父母）期待相反的生活：你想让我说话，我就不说话；你想让我学习，我就不学习。

"那我需要问一下家长的咨询期待。"我转向家长，"如果用一句话说清你们的咨询目的，你们希望我可以帮他做什么？妈妈先说吧。"

孩子妈妈说："我希望他更加外向一些，能和我多交流；希望他到了国外，能多认识一些朋友。"说到这里的时候，妈妈慈爱地摸了摸孩子的头，而孩子则一脸漠然的表情，好像什么事都没有发生一样。

"孩子的父亲呢？"

那位男士把手机放到一边，想了想说："就是希望他能像个男孩一样，有什么就说，快乐、开心就好。"

"好的，接下来是我和孩子单独交流的时间。时间大约1个小时，你们可以先到休息室，或者到附近逛一逛，1小时之后回来。"

"好的，那就拜托老师了。"

父母双双离开后，孩子还是低着头。与其说他是安静地坐在那里，不如说是麻木地坐在那里，外界的一切仿佛和他都没关系。

我把笔放下，表现得不是那么积极主动地"为他服务"，因为我知道，此刻他在怀疑我是不是他爸妈派来的"坏人"。

"你好，我叫薛艺，叫我薛艺或者薛老师都可以。"

他看看我，没有说话，保持安静。

"我怎么称呼你呢？你在国外应该有一个英文名字吧？"

"John。"他看了我一眼，无所谓的神情背后隐藏着不安的感觉。

"Ethan。"我也把自己的英文名字告诉了他，天晓得他习惯英文的称呼还是中文的名字。

"刚才你听到爸妈的想法了吧？咱们今天有50分钟的聊天时间，50分钟之后，咱俩就都解放了。"我试图让他感受到轻松，使用了"聊天""解放"等字眼。

男孩子想了一会儿，说："不知道。"

与此同时，他的脸上有一种不可名状的尴尬的神情，还夹杂着些许恐惧。

"就像刚才我和你爸妈说的，咱们这里所说的话我都会为你保密，包括我记录的信息，这些连你的父母我都不会告诉，"我把手中的板夹推给他看了一下，"不过我也能理解你，要是让我在这么短的时间里相信一个陌生人，也没有那么容易。"

他看看我，干笑了一下，继续沉默。

我不再说下去，而是怀着"只要你一张嘴，我就有办法解决问题"的心态，期待着他张嘴说话，可惜……

时空仿佛从流动的气体一点点地凝固起来，变成液体，然后又慢慢地变成胶状。

生怕时空进一步变成固体，我只好开口说话了。

"不过我刚才听到你爸妈说想让你这个那个的，你认同他们对你的期待吗？"

"不知道。"他看了看我，说出了第二个"不知道"。

"嗯，那么你的感觉呢？你去了美国玩得如何？据说那边学校有很多可以玩的时间啊……"

这次他没有低头，而是看着我说："应该是的，但是也很忙。"

"忙什么呢？忙着玩吗？"我让气氛尽可能地轻松一些。

"……学校有好多运动和比赛，但是妈妈不让我去。"

看来，问题的重点和我设想的很一致。与其说是孩子的问题，不如说是家长的问题。哎，到底谁才是需要来咨询的呢？

"嗯？不让你这个年纪的孩子去运动？那她让你干吗？"

"读书。"他那尴尬的表情又流露了出来。

"哈哈，去美国不就是为了能够轻松快乐一点儿吗？为什么去了还要那么努力地读书呢？"

"嗯……我也不知道为什么……"孩子说完这句话，又安静下来。

在宁静的环境中，他呼出一口气，室内的空气仿佛温暖了一些。

我想，可以去"试探"他一下了。

"John，我感觉你现在比刚才好一些了。刚才你说'不知道'的时候，我很紧张，觉得咨询都要进行不下去了，现在好像好一些了。咱们说的话只有咱们两个人知道，我会为你保密的。你爸妈一会儿问我一些问题，我在回答之前，也会征求你的意见的。"

男孩点了点头。虽然说这句话之前我不期待他回应什么，但终究可以让彼此的心更近一些了。

"你知道吗？我不确定你是否需要坐在这把椅子上。刚才你爸妈在的时候，你爸爸坐在最后面，你妈妈坐在这里，"我分别指了指他现在坐的和她爸妈刚才坐的椅子，"猜猜你们一家的这个座位排列有什么意义？"

他摇摇头，但是目光中多了一点点期待。

"很多家庭都是一家人一起来找我做咨询，我经常观察他们是怎么坐的。有的家庭，父母会把孩子夹在中间，并列坐成一排，"我一边说一边用手比画着，"有的家庭会把孩子推在前面，父母坐在后面。还有的家庭把孩子放在这里，然后他们自己就出去玩了。"

孩子小声说："我好希望他们也这样……"

"那个孩子和你不一样，他说'他们都不管我'。"我做出了一个被遗弃的表情，面前的这个孩子笑了一下。

"你能总结出你家这么坐有什么特点吗？"

John 摇了摇头，然后，又摆了摆手……哎？他的手什么时候从兜里拿出来了？

"好吧，我和你说说我的感觉。爸爸在北京努力工作，距离你们很遥远。你和妈妈在美国，平时总有一种被压迫的感觉吧。刚才上楼时，我恰巧和你们乘同一班电梯。我听到妈妈在抱怨这个大楼的电梯，妈妈平时是不是对你也有很多抱怨和要求……"

John 听后马上点头，空气被他扰动得活跃了起来。

"如果，我是说如果，让你选择你家其中一个人坐在这个位置上，"我指了指他现在坐的来访者的位置，"你觉得谁最需要坐在这里？"

"我妈。"他低着头说完，我们俩一起笑了起来，像是两个人在预谋一件事情，有一种同仇敌忾的感觉。

"为什么呢？"我认真地看着他，用真诚的笑容邀请他参与到思考中。

"她总发脾气，总管我。"男孩子看着我，说出这短短几个字。

"有没有什么办法去应对这些呢？"我好奇地问他。

"习惯了。"

短短3个字，却一下子击中了我的内心……习惯了，这背后隐藏着多少无奈和无力。一个男孩子在最需要生命活力的年华，却被外界强力压抑，让自己本真的生命力变成了暮气沉沉的"不知道""习惯了"和"没办法"。

"嗯，我也认同你的想法。说实话，我也觉得你没必要坐在这个位置上。"我看着他，很真诚地向他说出我的想法，"可是，谁让我们还小呢，被拉过来就坐在这儿了。我觉得我现在唯一可以做的是帮助你想办法去应对你妈妈，毕竟你在美国还是要和她生活在一起的……到大学之前？"

"是。"

"还有六七年呢。John，你不介意的话，我们玩个角色扮演的游戏，看看怎么应对你妈妈，怎么样？"

"老师，"这是他第一次这么叫我，"我们说的这些你不会告诉我爸妈吗？"

"你觉得我现在是哪一边的人？放心吧，我的职业道德不允许我这么做，而且在咨询结束前我会征求你的意见，问你我可以和他们说些什么。而剩下的内容我只能告诉他们：这是我们咨询过程中的保密信息，我不能告诉你们。你放心吧。"

"好。"孩子说的话还是那么简单，但是能让人感觉到，我们之间关系的张力逐渐消失了。

"John，和你妈妈在美国生活时，让你觉得最不舒服的时候大概是什么样的？"用游戏的方式带着孩子学习如何应对以前不能应对的情景，这些应对方式不仅能应对他的母亲，也能延伸到其他人际关系上。

"她和我发脾气，凶我。"

"妈妈对你发脾气，一般情况下，你会怎么应对呢？"

"我……就不理她，我习惯了。"

此刻，我突然想起了著名心理学家马丁·塞里格曼曾经做过的"习得性无助"实验。他们做了一个木头箱子，在箱子左边的地上有电极板，箱子右边则没有。通电后，箱子里面的狗因为被电击，跑到箱子的右边，这是自然的反应。然后，在箱子中间竖起一块木板挡住狗的去路。通电之后狗再次受到电击，还想跑到箱子的右边去，但是怎么蹦也蹦不过去。经过多次电击之后，实验者把中间的木板去掉，但狗已经形成习惯，默默地忍受着电击，并不想着去右边了。在一个环境中，人们长期被刺激但是又不能改变，就会产生深深的无力感。

我把实验讲给男孩听，他看着我，没说话，我想他一定听懂了我的意思。

"接下来的时间，我们来看看，除了持续被电击，咱们还有没有新的方法去应对妈妈，应对更多的人，好不好？"

"好。"这次 John 回应得很干脆。

"妈妈发脾气时，你除了习惯性地不回应以外，再随意想象一下，还有什么办法能够应对妈妈的脾气？什么样的方式都可以。"

孩子看着我，还是有些茫然，因为改变持续的无力状态是一个很艰难的过程。不过还好，他才 12 岁，正处于人生中最富有想象力的时期。

"我也发脾气。"John 说。

"嗯,很好,我们有了第二个场景。"我在记录纸上写了个英文字母 S,代表场景,"继续想,还有哪些新的场景?"

"……我可以找朋友说说这件事。"

"嗯,很好。"我称赞他,让他意识到他做得很出色,"找自己的好朋友'吐槽'。还有别的方式吗?"

"嗯……想不到了。"

"也许我们还可以找到一些方式把自己的情绪释放出去,比如运动。你喜欢运动吗?"

"对,我可以找朋友一起玩。"

"好的,今后妈妈再发脾气的时候,你就可以通过运动的方式把不良的情绪宣泄出去。"

是的,我们有很多应对无力感的方式和办法。

就这样,我们用了不到 10 分钟时间就想出了 10 余种应对方式,其妥与不妥不重要,重要的是这些方式能让 John 明白,他有能力去应对现实环境的挑战。

John 应对妈妈发脾气的 10 种方式是:

S1:不回应她;

S2:我也发脾气;

S3:找朋友说说这件事;

S4:找朋友一起玩;

S5:暂时离开当时的环境;

S6:把附近的邻居朋友找来,让她因为面子而不能发脾气;

S7：告诉她自己的感受；

S8：戴上耳机，让世界静音；

S9：告诉自己，反正就这几年，上大学之后我就听不到这些抱怨了；

S10：对她周围的人也发脾气，让她们对我妈妈发脾气。

……

这个游戏玩得很开心，我们不仅想场景，我还带着他扮演不同的角色：我一会儿扮演 John，一会儿又扮演他爱发脾气的妈妈；一会儿让他体会妈妈发脾气时候她的感受，一会儿又让他扮演未来能够更好应对妈妈的自己。

最后，我问 John："今天我们的聊天比你想象的开心得多，对吧？还有最后两个问题我必须要问你。第一个问题，我们今天聊了很多，你觉得有哪些是我可以和你父母公开分享的？"

John 一下子又从刚才开心的状态又回到了咨询开始时那种沉默的状态。他想了想，说："我想……没有什么可以公开的。"

"嗯，我明白了。第二个问题，你个人有没有什么话希望通过我转达给他们的？我觉得我俩玩游戏的时候，还是彼此信任的。"

John 点点头，表示认同我们彼此的信任关系。没想到，他告诉我的答案，居然和我设想的基本一致："没有什么话想和他们说。"

一个孩子，可以在短时间内和一个全然接纳他的陌生人建立彼此信任的关系，却和生养他的父母"没有什么可以公开的""没有什么话想说"。我想这两句话足以让他的父母去反思了。

咨询结束后，我让助理陪着 John 玩，请他的父母来到咨询室。

我的表达很直接："针对未成年人的咨询，一般我们都会在结束前问小朋友，有哪些是可以和你父母分享的，想和他们说什么。在我们刚才聊得很好的状态下，John 给了我对这两个问题的答复，供你们参考。"

妈妈眼中有一种焦虑不安的神情。

"第一个问题，我问孩子今天聊的内容有没有和父母分享的，他说没有；第二个问题，我问孩子有什么话希望通过我转达给父母，孩子也说没有。通过这两个问题，我想请二位思考，到底谁更需要来接受咨询，以帮助你们的孩子更好地成长。他现在正值青春期，有一些情绪反应是正常的。但是，目前家庭中这个关系疏离和压抑的现状，是你们二位应负起责任的。"

这时，我看到他们两个人低下了头……

半年后，John 的妈妈从美国给我寄来了照片，照片上的她正在和孩子一起骑单车，照片后面还附了一行文字：

"老师，您好！我记得您说过：'毕竟咱们比孩子年龄大，不能跟青春期的孩子一样犯轴。'听了您的话，我找到了和孩子一起玩的方式了，我可以投其所好，又不让自己感到内心在消耗。我也在改变自己常常挑剔指和责他人的模式了，谢谢您。"

很多时候，我们总觉得人生只有一种可能。其实并非如此，人生戏剧的脚本是可以改变的。

每个生命的剧本都具有各种可能性，只有真正触碰到它的敏感处，其生命的各种可能性才能淋漓尽致地展现出来。

"戏剧"人生

> 广义上的创业，在于让创业者的生命力流动起来，让其过去固有的模式变得鲜活灵动起来，从而改变生命的现状。

每个人的内心都有一些被阻碍的部分，其根深蒂固，久而久之，会让人"习以为常"。人生的诸多方面受其困扰，想要创造新的可能，谈何容易？

在一次心理团体工作坊活动中，她谈到了自己被阻碍的部分：表达困难。

"我不能对别人生气，因为我爸妈从小就告诉我女孩子不要太疯，举止要得体，要有个女孩样。"她说。

按照团体咨询的固有流程，我让其他成员向她提问。我想，也许有的问题会对她有所启发。

于是大家纷纷亮出自己心中的"问号"。

"不管在什么情况下，你都不会和男朋友吵架吗？"有人问。

"基本上是这样，我们吵不起来。我要是有什么不开心的事情，就只是不说话。男朋友劝我说：如果不开心你就说啊。可我就是说不出来。"

"你可能是还没到生气的点儿上吧。我平时也不爱生气，但是如果女朋友真有什么不能让我接受的事情，我也会跟她急眼的。"一个男生说。

女孩没有说话，看上去就像是自己的男朋友生气了，她又说不出话了一样。平时她在生活中的情景在这里又上演了。

"你有没有考虑换个表达方式呢？如通过微信，或者请别人转达？"一位年龄稍长的女士说。

每个人提的建议也都是他们自己擅长的方式，也许这个女士更擅长间接地、迂回地表达。

"试过，我当时给男朋友写过纸条，他看后打来电话说：你可以直接说啊，我又不吃人。而后，我又不知道该怎么跟他说了。"

大家都沉默了，似乎再也没有好的建议了。

我说："我问你几个问题，以便和大家一起更好地了解情况。"

她点点头。

"这种情况持续的时间也不是很短了，这么多年，你有没有思考过它和你的什么经历有关吗？"

"思考过，但是没想出个究竟。我感觉唯一有关系的就是在我小时候爸妈经常吵架，吵得凶了，我妈就不说话，一个人默默地哭。我妈说，女人如水，是最会忍让的了。"

"除此之外呢，还有什么原因你觉得与此有关？"

"我也说不清还有什么原因了。"

"好的，下一个问题：不能表达情绪的情况只是出现在恋爱关系里，还是说也会出现在其他的人际关系中？"

"只要感觉到与他人有冲突了，我就想跑掉，不一定只是谈恋爱的时候。谈恋爱的时候，我害怕打架，觉得两个人关系太近了，不应该产生冲突。"

"嗯，我总结一下。在亲密关系里表达自己的情绪，尤其是表达一些愤怒的情绪，对你来说是一件很难的事情。你尝试过写纸条的方式，这说明你并非不想与他人表达与沟通，而是害怕面对面地这样做。一旦遇到需面对面地沟通与表达的时候，你就会躲到个人的世界里去。尽管躲开了，但你的心里还是不舒服的,我可以这么理解吧?"

"是的,基本上是这样的。"

"好的,那我们先通过一些活动热热身。"

我邀请大家站起来,自由随意地走动,舒展自己的身体。

"今天,我们的主题放在情绪的表达上,大家走动的时候,想一想你最近都有什么样的情绪体验,该用什么样的身体动作表达这个情绪。我一会儿会喊停,你们需要做出最适合表达这个情绪的动作。"

大家一边走动一边思考,我喊停时,大家都像凝固住了,每人一个姿势,每个姿势都蕴含着一种情绪。

如是几次后,我让其中一半的学员放松,让他们如同参观蜡像馆一样,观看着另一半学员静止时的动作,猜测其所表达的情绪内涵:有的捂着肚子,脸上呈现出痛苦的神情;有的蹲在地上,独自神伤;有的双手向上,象征着朝气蓬勃……

之后,我们又请两位同学做猜谜者,猜测其余同学有关同一个主题的表达内容。当我们把情绪元素融入心理活动中时,你会发现大家会很快地成为一个好"演员"。

我请每人找一个搭档,采取背对背的方式,用后背向对方表达一些情绪。首先表达一种不确定和害羞的感受,这时大家的后背都小心翼翼起来,生怕碰到对方太多;然后是表达自信的感受,搭档之间的后背开始越来越接近,然后彼此开始用后背慢慢地摇起来,双方都感到很惬意;还有的两个搭档后背轻轻相碰,让对方感受到自己的存在;最后彼此表达出自己的力量,不容许自己的空间被侵占。

作为案主的那个女孩,刚开始没力气对抗她的搭档,尽管对方也是一个比较柔弱的女孩子，但是在几次被对方的后背拱起来后，她也开始艰难地用自己的身体去保护自己不被挤到一边，她在捍卫自己的权利，我看到改变在一点点地发生。

"经历了这一过程之后，你们彼此理解了对方，你们的动作开始慢慢变得缓慢，变得温柔，用自己的后背表达对对方的理解、接纳，甚至是感谢。最后，找到一个你们认为合适的方式来结束你们的动作。"

慢慢地，火药味变淡，搭档们开始轻轻地摇动起来，像是在给对方做按摩，以表达自己的善意。

"好，感谢一下你的搭档。"大家起身后给对方一个拥抱以示感谢。

待大家重新归位之后，我邀请案主演一场戏，主题是"家庭中的情绪表达"。

根据案主的意愿，她表演了一个因为把男朋友带回家而被自己父母嫌弃的女青年。"父母"和"男朋友"都是她从观众中选出来的。面对"父母"对"男朋友"的不满和挑剔，她在剧中只是在不断地表达："其实他挺好的，他对我好，我想要和他在一起。"

人们在角色表演中，更能显露出真实的自己。正如英国著名作家王尔德所说："人类要做自己的时候，最不像自己。当你给他一个面具，他便尽诉真言。"

我让场景停在这里。"好，现在你的男朋友已经回家了，现在只有你和你的父母在家。接下来，你要就这件事情和他们谈一谈。现在，你挑选3位可以代表你内心声音的人，他们会站在你身后，把你内心的情绪和声音表达出来。"

案主从台下的观众中选择了3个人，他们站在案主的身后，等待案主和其"父母"的对话。

沉默许久,也许是案主感受到背后3个人给予的支持和力量,她说:"爸、妈,我有话想和你们说……"

对面的"父母"没说什么,只是看着她。

"其实我不小了,很想要自己的生活。我好不容易找到一个对象,你们说他这不好,那不行……那我什么时候才能过上我自己的生活啊?"

看似是虚构的剧情,但剧中的字字句句都是她内心真实的独白。

这时"父母"仍然沉浸在刚才的情绪中,"父亲"厉声道:"那也不行,你是我闺女,我要保护你!就这样的男孩,不能进咱家门!"

"母亲"继续扮演唯唯诺诺的跟随者角色:"是啊,闺女,听你爸的,好小伙子多了去了,你为什么偏要找个搞艺术的呢?"

一个严厉粗暴,一个唯唯诺诺,案主仿佛进入过去的家庭环境,变得不知所措,一个人无力地沉默着。

这时,背后的3位"演员"尝试说出案主内心的声音,试图表达出她此刻的情绪:

"每次都是这样,我说什么你们都不听。"一位女士在身后小声地说;

"我想要自由,我想要我的生活!"男生在表达愤怒的情绪;

另一个人只是叹气,那声音让案主觉得,这很像是她自己在感叹……

我让他们继续重复这些感受和情绪。渐渐地,案主被这些内心真实的感受所触动。她流下眼泪,委屈地说:

"我就是想自己做主,就是想要自己的生活,为什么这么难?你们为什么这样对我?每次我说什么你们都不听。你们就会吵架,你们一吵架我就害怕。我为什么要生在这样的家庭里?"

她的哭声越来越大，压抑了多年的情感一瞬间爆发出来。她安全进入了角色，把对面的"父母"当成了自己真正的父母，她注视着他们，像是在控诉，又像是在寻求他们的安慰。

"你们为什么总吵架？你（看着她妈妈）为什么总不让我说话？你活得好拧巴！"

我站在她的身边，让身后3位代表她"情绪"的人重复她说的话："你活得好拧巴""你们吵架让我害怕""我想要我的生活"。

待她的情绪慢慢缓和之后，我对她说："请你看着对面的'父母'。我会说出一些话，如果你觉得和你内心的感受很相似，请你重复给他们听，好吗？"

她点点头。我说："我想要和你们平等地对话，而不是总被你们影响和打断。"

"我想要和你们平等地对话，而不是总被你们影响和打断。"她重复。

"我允许我在任何环境和场合表达自己的感受和想法，无论是和你们，还是和别人。"

她擦了擦眼泪说："我允许我在任何环境和场合表达自己的感受和想法，无论是和你们，还是和别人。"

"我拥有我的一切情绪，我也允许自己在合适的环境下把它表达出来。"

说到这里，我让3位代表她"情绪"的人把手搭在她的肩上，让她感受到情绪的存在，以及他们对她的支持。

"我拥有我的一切情绪，我也允许自己在合适的环境下把它表达出来。"

"这一切，都是我尊重自己、热爱自己的表现。"

这一句对于她来讲有一点儿艰难，她稍微停顿了一下，说：

"这一切，都是我尊重自己、热爱自己的表现。"

大家重新围坐成圆圈，开始分享自己的感受和想法。

"老师，"一个女士提问，"您怎么想到这一点的？从她男朋友这边的困惑，转到了在原来家庭中的那种无法表达情绪的阻碍和困扰？"

"之前她说了不只是无法向男朋友表达自己的情绪，而且和其他人之间也一直如此，这种阻碍和困扰由来已久。所以，从原生家庭中找到问题的根源，会更好地解决问题。"我看了看案主，她点头表示认同。

"是的，老师，其实在最开始表演的时候，我没有想太多。演着演着，就感觉他们就很像我父母了，让我再次体会到那种想说也说不清，但不说又很憋屈难受的感觉。这么多年，我都是在这样的生活环境中度过的。我男朋友如果稍微温柔一点儿，我还能够说出自己的想法，一旦他着急，我就不说话了。现在想来，他着急是想让我能多说一点儿，这也是被我逼的。"

她苦笑了一下。

"刚才主要的是找到了根源，让情绪有所缓解。如果再推进一步，你需要从行动层面掌控自己的情绪。"

我说完后看着她，她点了点头。

"如果你和男朋友又出现了这样的问题，你会用什么样的方式去面对？"

"我起码会告诉他：'我现在有点儿憋屈和难受，我试着说说看，你别着急。'这总比我直接跑到屋子里闷头哭、生闷气要好了。"

"嗯，向对方表达你当下的真实感受，并且承认自己今天还不能如此顺畅地表达情绪，这已经很棒了。真高兴看到你有了新的改变。"

有人可能会说，人生就是一条单行线，我们没有办法去预演。心理咨询中有一种表达性艺术治疗方法，也就是通过戏剧、绘画、音乐、舞蹈等多种形式预演新的可能性，从而发现问题，并在现实生活中尝试行动，这是心理咨询中一种很有效的方法。

就如同以上的两个案例，John不知道该如何应对发脾气的妈妈，团体咨询中的案主则是不会表达自己的情绪。通过预演，John想到了很多应对的方式：这些方式有的靠谱，有的只是具有可行性，但是在探讨这些方式的过程中，他整个人就被"解锁"了。而团体咨询中的案主也意识到了自身问题产生的根源，并把自己的想法表达了出来。

其实，创业并不一定是创办企业，你个人就是一家企业，你的企业里有不同的部门：身体部、情绪部、认知部、情感部、家庭关系部……它们之中的任何一个都会出现问题。

如果有问题了，你是否会去改变现状呢？是否会去尝试新的可能性，改变无力的现状，让你这家"企业"的生命力流动起来呢？

祝福每一家"企业"都可以健康、灵动、幸福、喜乐。

创业心理工具 8：戏剧治疗，演绎真实人生

很多人都玩过角色扮演一类的游戏，如《仙剑奇侠传》《轩辕剑》等。在这些游戏中，你可以凭借扮演某种角色来实现现实生活中不能实现的梦想。这样的方式早已被心理学所发现并借鉴使用，从而建立了一套完整的心理干预方式，广义上称之为戏剧治疗。

"人生如戏，全靠演技"，通过演戏的方式不仅可以提升人们的创造力，也可以提升人们对于未来人生中面对各种可能性时的应对能力。因为，在演戏的时候，人反而更容易卸下内心的防御（你的内心会觉得，"反正我只是演戏，都不是真的"，而事实上，越是表演出来的，对于内心来说越是真实的）。

戏剧治疗的过程包括：

1. 找出让自己感受到阻碍的一条信念，如上面案例所提及的"我总是不能和别人发火""我不知道怎么和妈妈相处"。

2. 针对这个话题，拿出一些白纸（注意，是白纸而不是那些有格子的纸，什么都没有的白纸更有助于自由地书写，可以让书写不受任何的束缚），写出一个符合这个信念的典型的场景和对白，例如"我总是不能和别人发火"，那么场景和对白可能是在一个菜市场中，很多人都撞到你了，你也很疼，但是你说的更多的却是"没事，没事""我不疼"之类的。

3. 丰富场景的信息。当你完成了场景和对白的描述后，加入人物的信息。例如，场景中各角色的性别、年龄、喜好、性格特点和人物关系等。你会发现，我们内心的某些情绪会投注于其中的某些人物性格中。自然而

然地，你会对场景中的这些人产生某种情绪，甚至会生出发泄情绪的冲动。此时，不用抑制，在一个安全的环境下，允许自己的情绪得到充分的表达。

4.改写场景。抱着好玩的、轻松的心态，按照能想得到的任何可能，把这个场景修改为不同的版本。也许在戏剧中只是一个压抑内心的场景，但你可以将其修改为一种爆发式的场景（例如在菜市场，别人一碰你，你就揍别人一顿）；也可以修改为一种唐僧式的场景（如同《大话西游》中的唐僧，一旦别人在菜市场不小心碰到你，你就变成唐僧，不断地和对方絮絮叨叨）；还可以修改为一种讹诈的场景（例如别人一碰到你，你就变成了"碰瓷"的主角，躺在地下，没病装病）……天马行空，胡思乱想，把不同场景尽可能地罗列出来，并在自己的内心上演。

5.总结与反思。当你把所有的场景都用白纸罗列出来，并在内心上演之后，让关注点重新回到自己的内心，思考所罗列出来的场景，尤其是后面随意编写的场景，看有没有一些共性，分析有哪些和自己的现状有关。然后，你把这些新的反思和觉察列在白纸的最后，并保存下来。当内心中有一些让自己纠结的信念时，你可以通过"演戏"的方式来发现更多的可能性，从而形成一套你自己的内心戏剧本。

第九章
创业就是一场修炼

未来,越来越多的独立创业者和手艺人会登上历史舞台。

然而,想做一个成功的独立创业者,谈何容易?与其说独立创业的困难难在手艺、难在技术上,不如说难在心理挑战上。

这一章,我们通过一位手工艺创业者的连续咨询历程,一起见证创业这场内心修炼的历程。

有信心创业,却不好意思谈钱

"贪婪"是人性的本质,它既驱动着人们积极进取,也让人们饱受其苦。

第一次和"橘子"见面是在一家安静的咖啡馆。

她姗姗来迟,也许是没那么重视,也许是性格使然。

她刚辞去原来的工作,目前是一名自由职业者。她做的事情叫"海娜文身"[注:Henna 是梵语,印地语称为"曼迪"(Mehndi),是一种短时间保存的人体绘画],我不懂,但是听起来很酷,很有趣。这一次与其说是闲聊她的创业项目,不如说是满足我的好奇心。

她看上去并不是很期待这次见面,一直在回复微信的信息,直到她很抓狂,才回到我们之间的交谈上,因为她不知道该如何和沙龙的主办方谈分成。

"我现在很纠结,朋友都建议我的服务价格提高一点儿,有些客户也这么说。现在一个海娜文身，小的图案价格是几十元，最多一百元；大的，比如那种画整个手臂或者整个后背的，价格也就是三四百元。"

定价多少，没有绝对的对与错。它取决于服务的客户是什么样的人，如果是价格敏感型的消费者，定价自然要低一些；但也有消费者愿意用高价位来彰显身份，那么价格也就会水涨船高。

"听上去定价这件事让你和消费者都有些不满意了，对不对？"

她微微点头。

我笑笑说："那今天不仅聊你的事业，也要给你做点儿创业方面的指导了。"

"是啊，来之前我就想过这件事了。"她露出了看上去有些神秘的笑容。

"这么说吧，所有产品的定价都是问题，"她继续说，"最纠结的是海娜沙龙活动的价格。租用场地的费用、参加沙龙的人收多少钱……这些都没有固定标准，每次都要和主办方谈好久。最重要的是……每次一谈完，我就觉得自己吃亏了。"

她"吐槽"的问题，也是很多手艺创业者面临的困境：有专业技术，但是自己并不能快速调整以适应商业运作，运营、定价、管理……都是短板。

我拿出了咨询使用的板夹，这是我平时随身携带的"法宝"，然后抽出一张白纸，说："那么我们来算一算吧，我也想了解一些基本的情况。"

"你看啊，一般一次沙龙大概有十来个人参加，我这边的成本是一人一支海娜花膏（用来绘画的涂料）的钱——30元，那我自己希望一场活动至少可以赚2000元……"她娓娓道来。

"贪婪"是人性的本质，它既驱动着人们积极进取，也让人们饱受其苦。利益当前，人们先想到的是自己要赚多少钱才合适，这无可厚非。然而，当别人也在想"我要赚多少钱"时，矛盾难免就会产生。

"等一等，你先别着急说自己想要赚多少。除了海娜花膏，在沙龙活动中还有没有你必须要投入的？"谈到定价，首先要考虑支出的部分，这一点和人生的道理是一致的。谈获利，先考虑必须要付出的代价：想要结婚生子，必然会牺牲一部分自由；想要考上好大学，必然要勤学苦练……那些什么都想要却不想付出的人，往往什么都做不成。

"除了海娜花膏的费用，还有和主办方合作的场地费……别的，基本上没有了。我的脑力劳动和体力劳动也可以算支出吗？"

我低着头帮她记录支出的项目，听到最后一句话，本想着是不是她在开玩笑，一抬头看到的却是她满脸真诚的表情……她居然是认真的。

"想啥呢？支出是指你必须花出去的费用。场地费一般多少？"我看着她手臂上的海娜文身，平心而论，技术上，她是一流的，然而在商业思维方面，她可以说是"无知者无畏"了。

"这个不太确定，不同的合作方是不一样的。刚才这一家就一直问我收多少钱，然后再决定他们的场地费是多少，我就算不出来了。"不确定的场景，明显让这位手艺人搞不清状况。

"嗯，既然你也无法确定对方打算收多少钱，那你必须要清楚自己获益的底线，也就是说，这一次沙龙你最少可以赚多少，少于这个数你就不做了。注意，是底线，而不是最大化的收益。"

"……嗯……虽然沙龙有时候能招满 10 个人，有时候招不到这个数。我还是希望自己一场至少可以赚 2000 元。""橘子"说。

虽然还是觉得自己应该赚 2000 元，但她的眼神中却闪过一丝隐隐的不安。

"那好，如果 2000 元是你净赚的，结合你的材料成本、场地费，再估算一下，到终端客户那边，大概一个人要收多少钱？"我即将开始"如何从定价上看一个人的心理模式"。

"一下午的活动,我估计1个人得收300元,不含饮料和餐食。"这句话她回应得很快,也许有过类似的经验。

"嗯,300元一个人。我问下一个问题,你觉得什么样的客户属于这个消费群体?"说到关键的问题,我直视着对面的"橘子",暗含之意是你要好好思考了。

"如果是这个价位,我现在的客户大部分是付不起的。"她轻轻地叹了口气。咖啡馆的背景音乐很轻,这叹息是可以被轻而易举地捕捉到的。

她接着说:"以前我们搞活动,一个下午每人也就收一两百元。现在物价上涨了,收费也涨到两百多了。但是如果一个活动要人均收费300元,甚至更多,估计只有那些姐姐们才会来。"

"姐姐们?"我有了新发现,她不自觉地说出了问题的真相。

"就是那些老公很能挣钱的太太,各种玩法她们都能消费得起,可以在这里尽情地享受。我之前遇到的几个姐姐都是经常去印度、美国等国家旅游的,因为我绘画的技术好,就都来找我。也是她们告诉我的,我的价格太便宜了,要贵一点儿,做高端一点儿的。"

"哦,那就把价位提高一些呗。但是你并没有这样做。我想知道,你的顾虑是什么呢?"我步步紧逼。

"嗯……面对姐姐们,我老觉得自己比她们小,不好意思去抬高价格。"

事实上,没有提不上去的价格,关键在于你如何看待自己的价值。

"姐姐们愿意来找你,是被你的某些方面所吸引。从你和她们的互动中,可以总结出你的哪些方面是她们最看重的,你做这件事最不可替代的价值是什么。"

她思考了一会儿后，说："上次有一位姐姐告诉我，说我不仅画得好看，还有生命力。她说她以前在国外也画过，但是觉得对方纯粹是个技工，不用心。"

我把关键词记录下来，并把整个记录指给她看：

1. 基本事实：支出海娜花膏成本（30元/人）、场地费用（未知）；
2. 个人底线：净赚2000元/场，因此人均约300元；
3. 换位思考：姐姐们因为绘画的生命力一直来找她（不同于其他同行）。

"你看，这就是我刚才问你的几个问题。第一，如果想要确定自己的价格，必然先要考虑你的投入，因为没有付出就不可能获益。第二，要用底线思维去思考自己的获益。人人都想利润最大化，但是只想利润的最大化是谈不成事情的，你只能基于你的底线去确定你的价格。没有获益底线时，你就会觉得钱谈高了别人不跟你玩，谈低了自己吃亏。"

她认真听着，频频点头。

"这个底线是你自己的底线，并不是消费者的。你需要换位思考，你的定价会吸引来什么样的人，他们为何接受你的定价。也就是说，在他们眼中，你的价值和你的定价是对等的。如果大部分消费者觉得定价太高，你就要去权衡，是改变你的底线，走亲民的大众路线，还是继续提升你的品质，让质量配得上价格。总之，只有你的价格和别人的获益对等了，客人才会不断而来，从而让你财源滚滚。否则……"

"否则什么？"

第九章 创业就是一场修炼

"否则就是欺骗。这绝对不是你想做的,对不对?"

"是的,我更在意个人形象。"

"好,最后一步,我们来确定最终方案。"我写下了"最终方案"四个字。

"一般我们要制订两种方案:主要方案和备选方案。你现在希望定价是300元/人,你准备如何去让更多人知道,继而让那些付得起这个价格的人来参加你的沙龙,而且还愿意持续地帮你做宣传,这是主要方案。你的备选方案则需要考虑,如果你的底线价格在几次尝试后都不能实现,你是否可以做有效的调整?毕竟现在你还没有那么强大的议价能力,我可以这么理解吧?"

"是的,""橘子"若有所思,"我知道该怎么和这个合作方谈判了。"她指了指手中的手机。

"啊,不对!还有一个问题。"她突然又问道,"……呃……"

可能她自己也觉得不好意思。

"我该怎么和他们说呢?"她指了指手机,"我怎么回复他们呢?我还是不太确定怎么说会更好。"

"你们这是初次合作对不对?也就是说你们的关系还没有那么好吧?"

"对的,第一次合作。"

"那我来说说看,你觉得可以就直接转达给对方,如何?"

接下来,我就向她演示了一段初次谈合作时的话术。

"xx合作方,您好。根据我以往和其他合作方的合作经历,我的收费标准是2000元每场。低于这个价格,我们就很难开展合作了。

我希望作为主办方的你们能够给予提供场地、一些基本的饮

183

料餐食等协助。这样,根据你们的成本和利润,再加上我的利润,就可以确定出比较合理的招生价格了。

确定了大致的价格后,我们再一起探讨这个定价是否合适,以便让彼此都满意。

既然是初次合作,我们还要签订一个基本的说明或协议,然后共同宣传,相互支持。

谢谢!"

听我说完这一段之后,"橘子"笑得合不拢嘴:"薛老师,这也太装了啊!"

"哈哈,初次合作,你需要先展示出你的专业性和权威性,别人才愿意相信你,对吧?那些自己都犹豫不决的人,是很难通过言语去影响和说服别人的。"

"还真是……好!我就照着这个回复他们。"

其实这段话,又岂止只是对主办方说的呢?如果没有这一次闲聊,我也没有办法让"橘子"意识到我的专业性,更不可能有后续的创业咨询。

最后,"橘子"问我:"薛老师,咱们今天这个算不算咨询,我要不要付费啊?"

"咱们这一次的聊天,我是为了了解你的创业项目,增加我的信息量,所以你告诉我你在做哪些事情,我教你怎么谈钱,这算是等价交换。真正的咨询,还是要在咨询室里签署咨询协议后才算正式开始,这也是这个行业的规矩。"

"嗯,今天聊完,我要请您帮我做长期的创业咨询。我感觉自己在创业方面了解得太少了，而且……"她停顿了一下，"你能敏锐、专业地发现我的困惑，并给我提供解决方法，这正是我想要的。"

做得也不差，但就是心虚

> 持续努力，做起来才能毫不费力。

"薛老师，我有两个问题要向您咨询：一个是我现在做的这些事，有好多不敢确定能否做好，心里实在没有把握。想请你帮我分析一下并给予指导。"

"橘子"这次来咨询，开门见山，没有任何的寒暄和迂回。

"另一个问题是，我感觉到上次咱们说的价格问题，是由于我内心受到一些限制导致的。"

上过心理成长课程的"橘子"果然不同，她可以很好地感受到金钱和自我价值之间的联系：议价能力往往和个人的自我价值有关。

"后来的合作很顺利，而且这套话术已经成了我和主办方初次合作的官方话术了。"她笑语盈盈。在议价能力上，她确实克服了内心的阻碍，在现实中做出很大的突破。

"但是，每次和别人谈钱的时候，我的心理活动特别强烈，觉得多要点吧，心虚；要少了，又难受。虽然您和我说过底线，我也能安慰自己，'哎呀，起码比自己的底线多了不少'。可心里还是不舒服，总觉得自己吃亏了。"

"嗯，你今天来，不仅是想和我探讨你的事业，更想谈一谈这件事背后的心理感受，我可以这么理解吗？"

"对的，就是想请您帮我分析一下，我为什么一谈钱就感到心虚呢？"

"好，现在你回想一下曾经有过的与他人谈钱的经历。每次谈钱的过程中，你总觉得心虚。如果可以用一句话来表达这种感受，你会怎么说？不急，慢慢想，这句话自然会想出来。"

她闭上眼想象，然后说："我的画值那么多钱吗？"

"嗯，你的画值那么多钱吗？这句话对你有什么样的启发？"

"……在这件事情上，我觉得自己是弱势群体，不值得别人给我那么多钱。还有，最近在感情方面，我也受到了很大的打击……"

这件事才是她更想说的。我邀请她继续按照"意识流"说下去，同时，我也把信息点记录了下来："谈价格心虚——和自我价值感有关；感情受打击——？"在亲密关系中受挫，很可能也和自我价值感有关。

"我们才谈了两个月的恋爱，他就向我提出分手。分就分了吧，我也受够了，在短短的两个月中，他总是在指责我。"

"对他的指责，你却无法反驳，对不对？"既然已经知道了问题的重心，我就把话说得更直接一些。

"是的。自己感觉在他面前特别无力，就像是之前和主办方谈钱一样，总是心虚。其实自己做得也不差，为什么总是心虚呢？"

"那我们今天就来探讨一下这个为什么你总是心虚的话题吧。"

"谈钱，我总是心虚；谈恋爱，总是控制我的不只是这个对象，也包括以前的男朋友。我很想知道我到底是怎么回事？"

"嗯，好的。"我在纸上画了一道线，表示了解了刚才的话题。接下来，我们要进入核心阶段了。

"我会带你做一个体验活动，帮助你找到自己这种心虚状态的起源、当下的动力以及未来可以做出的改变。在这个过程中,我们需站起来走动,然后站在不同的位置上,你看可以吗?"体验前,要让对方清晰地知道你要做什么,咨询行业可不是"装神弄鬼"。

"好的。"

我请她站起来,拿出几支水彩笔,并告诉她:"这里有几支不同颜色的水彩笔,请选出你心目中最适合的颜色来标注你的过去、现在和未来3个时间截点,并且按顺序把它们摆成一条线,如此,这条线就代表了时间。"

"橘子"看着粗彩笔,选择了橙色、红色和天蓝色,然后说:"橙色是过去,红色是现在,天蓝色是未来。"

"好的,我们接下来从过去开始。我需要先了解一些关于过去的信息。请你站在过去的位置上,我会站在你旁边,你只需要回顾过去就行。"

我站在她的旁边,不太近,也不远,她可以看我手中用于记录的板夹。

"说到心虚,我想你过去也会有过一些同样的时刻,即便在今天回想起来,仍然会感受到那个时候的心虚。请你把你能够想到的心虚的时刻和我分享一下。"

"……其实我最先想到的是我高中的时候,当时我连续参加了两次高考,但都落榜了。家人让我别考中戏(编者注:中央戏剧学院)了。可我很倔,倔又伴随着心虚,不知道自己到底能不能考上。所幸的是,第三年我考了全省第四,终于金榜题名了。"

"橘子"注视着前方,但她什么都没有关注,只是在回想,带着情绪在回想这一切。

戏剧中我们称这样的方式为"独白",心理咨询则称之为"心理独白"。

"我考上了中戏,并选学了自己喜欢的专业,第一年的学业很顺利,感觉很幸福。后来，有一门专业课让我觉得特别难。我那时谈恋爱了，男友经常告诉我：你不用那么努力地学习，以后我来赚钱养活你就行。为此，我放弃了学业这条路。大三、大四的时候，一说到专业课我就心虚，现在想起来就后悔。"

我在纸上记录下这些内容："高考三年—父母—未来不确定的心虚""放弃专业学习—谈恋爱—后悔"，写在了"过去"这部分中。

"毕业之后，男朋友说我不用工作，他能养得起我。那两年，我就待在家里画画。他回来说一些工作的事情，我听不懂；他出去应酬，我也搞不清情况。我好像是从大学这个温室到了另一个温室。再到后来，我拒绝和他聊工作的事情，因为我不懂。再后来……"橘子轻轻地苦笑了一声，神色有些凄惨，"他另结新欢，我从他家搬出来，自己找房子，自己找工作……"

在人生最低谷的时刻，也许她从来没有和别人说过这些，只是自己去承担和面对。

"我自己找工作，找了好多家公司，做行政、做助理，但是做的时间都不长。因为刚毕业的那两年我什么都没做，公司对于员工的基本要求我都不符合。遇到的领导要不然负能量满满，要不然就另有所图。我实在是受够了，受够了这些人，也受够了自己那种什么都不懂的胆怯和挫败感。直到后来，一位朋友跟我说："你为什么不做自己的专业呢？接着，她推荐我去做海娜文身。"

说到这里，她抬起抬，整理了一下自己的情绪，然后神态大变，犹如换了一个人。

"我喜欢画画，而且我的客户反馈说我的手特别稳。最开始我给几个朋友画着玩，他们说你可以收费做啊，后来……你就知道了。"

她转过头来，看着我："我在与人合作谈钱时会心虚，在不知道男友为何这么挑剔我时也会心虚。"

"他这么挑剔你,你还没有办法回击他。"我帮她把心中的这句话说出来了。

"是的。他说我的很多地方,我觉得都是没有问题的。例如,他说我怎么会喜欢印度的音乐,怎么会喜欢那么多玄乎乎的东西。我当时被他影响了,就觉得是自己做得不对。这件事如果放到现在,我就会反驳他:我喜欢听什么、看什么,是我自己的事。可是当时就很心虚,觉得自己是不是真的不够好,让他觉得不开心了。"

"根据你刚才叙述的内容,我发现了一些有趣的情况。你看看,"我指着记录的一条条内容,"高考的时候,父母让你不要再考中戏了,虽然最后你得到了理想的结果,但当时你还是心虚的;之后,你在学习、工作、个人生活等过程中,一旦受到别人的质疑,不管最后结果如何,你当时都显得很没有底气,甚至怀疑自己的价值。"

我看着她,她微微点头,表明她已经意识到了这个问题。

"过去所发生的一切都已过去,今天通过回顾,你已经发现了这个问题。此刻说到你时常感到的心虚,自己怀疑自己的价值时,你有什么样的感受和思考?"

"无力感,觉得自己无法做到,也不想做事,只想着怎么才可以让自己别这么心虚,让自己能更坚定一些。"

趋利避害是人类的本性,当人们感受到痛苦时,往往倾向于逃离痛苦。

"看来,你已经有了想要改变的动力和倾向了,我们就再往前一步,看看未来。"我引导她走到未来的蓝色彩笔处,"深吸一口气,慢慢地呼出,放松。想象一下,如果自己不心虚,更坚定的'橘子'会是什么样的呢?

你可以构想出那个美好的画面。"

"橘子"很自然地闭上了眼睛,开始思考和体会:"可以特别坚定地和男朋友交流,不会总被他欺负;可以自由地表达自己的想法,而不是被指责了却无法反驳。"

"在与他人的关系中,你已经看到了自己更坚定、不被外界影响的状态。其他方面呢?比如创业方面。"

"我可以提出自己的想法和要求,即使是面对合作方的时候,也可以勇敢地对他说:你要是愿意合作咱们就合作,不愿意合作我会找到其他合作方。""橘子"的语气,令人感受到了那种逐渐转化而来的信心。

"好的,我了解了你心虚的心路历程并听到了你对未来的想法和期待。那么,关于你的心虚到底是怎么回事,你从中能否找到一些原因?"

领悟了,才有改变的可能。

经过短时间的沉默,她说话了:"我好像懂了一些,从小到大别人都会质疑我,而且我还认同了那种质疑,然后就失去了自己的……能力?可以靠自己成功的能力……"

"你不可替代的技术和能力。"我帮助她补充。

"是的!就是我的技术和能力!"她好像找到了最精确的描述,"然后就会心虚,总觉得自己做得还不够到位。"

"嗯,看来你今天已经清晰地意识到:不可替代的技术和能力是你心虚的来源。如,自己的高中成绩到底如何?如果一个学生高中三年连续几年排名年级第一,他在学习方面是绝对不会心虚的。同样,因为自己在大学毕业后没有一定的工作经历,就无法在职场上和他人比拼,这样的人心虚是很正常的。如果你一点儿职业经历都没有,做事比别人差,但还特别有信心，觉得自己什么都行，那就不正常了。"

她笑笑说："对。"

"无论是创业还是打工，最重要的是自己要具备一定的核心竞争力。今天你的技术专业水平让你有成就感，但是商务谈判的专业水平不够，你自然也会心虚。对吧？"

"是的，真的是需要练习的。"

"持续努力，做起来才能毫不费力。当学生时就要做好功课，力争成为优秀生；工作时必须积极努力，修炼职场能力。你的技术熟练度越高，你就会越来越自信，并获得成就感和价值感，而且工作时驾轻就熟，自然省心、省力。另外，别人给予你的积极反馈也会增强你的自我价值感。"

"我懂了，不断练习，有助于增强自信心。不过，积极反馈是什么意思？"

"别人给你的反馈是你想要的，让你觉得比较有安全感，比较放心，就是积极反馈。如你认认真真地画了个文身，对方说画得真好，而且价格还这么便宜。那你自然就有成就感，有自信。"

"在创业这件事上的心虚应该好解决，毕竟我有自己的技术水平，但是感情上呢？我该怎么让自己在感情上更有信心呢？"

"如果我们同样从你的练习程度和别人给予积极反馈两个角度看呢？你觉得该如何在感情方面更有信心？"

"你不会告诉我要多谈恋爱吧？""橘子"看着我，有点儿吃惊。

"无论你已经恋爱过多少次，你现在是否明确了可以与其结婚的那个人的标准？这个标准可能是很具体的，也可能是一种感觉。但这必须是你经历一段段的恋爱尝试之后形成的自我坚定感。这种感觉在内心会发出这样的声音：'我知道我要找什么样的人，我也相信我们会过上美好幸福生活的。'"

"这个……还真没有……"

"要想在感情交往中更有自信,一定要明确自己想要的伴侣的标准,这也是专业能力的一种表现;积极寻找,遇到之后能够体验出合拍的感觉,这种美好的感觉会给你带来一定的成就感;两人相处时,难免小吵小闹,寻求合适的方式去应对,也会增加你的自信心,即'我是有办法解决问题的'。"

后来,"橘子"找到了新的人生伴侣,我衷心为她祝福。

技术出身做管理,总有些迈不过的坎儿

半年后的某一天,助理告诉我,3小时后,"橘子"要向我电话咨询。

"薛老师,好久没有联系啦。"

她的声音听上去还是轻松的,但我知道,她一定又遇到了什么阻碍。

"是啊,着急和我联系,想必是遇到什么事情了吧?"

"哈哈,是的,什么都瞒不过你。不过,我要先说说我的近况,估计您听后也会很开心的。"

"好。"

"老师,您知道市集吗?我现在做市集了。"她的语气中是满满的愉悦。

"好多大商场,就是你知道的那些商场,每个周末都会有一些创意市集,需要找一些像我们这样的手艺人去。咱们上次聊完,大约两个月后,我就去市集画海娜,收入一下子就上来了。"

"听到这些真高兴,也很感谢你能和我分享这些喜悦。"我心里想。

"再后来,我又有了一个很大的突破。好多大商场的市集邀请我去他们

那边做活动,但是我一个人忙不过来,所以我开始收徒弟了。"

很个人的事业发展都经历了"产生愿景—持续投入—影响他人—突破创新"的过程。从最开始有想法要做海娜文身(产生愿景),到后来的持续投入,努力修炼内功(持续投入),再到现在开始影响一批人,让他们成为自己的弟子开始学习成长(影响他人),她已经从上次咨询时的青涩创业者,上升到了一个更高的阶段。

"开始收徒弟了!看来你的事业蒸蒸日上啊。"我由衷地说。

我也清楚,如果没有问题,她也不会找我,不如开门见山。于是,我接着说:"遇到什么事儿了?说吧。"

"嘿嘿,"电话那头笑了起来,"先让我美一会啊,我现在已经收了8个徒弟了。"

毕竟是她靠自己的努力获得的成就感,能够与他人分享也是一件无比美好的事情。

这半年里,她办了很多场沙龙活动,认识了一批对海娜文身感兴趣的人。海娜文身的艺术表达形式,看似很复杂,但实际上并不难。随着对海娜文身感兴趣的人日益增多,她开始讲授为期一两天的技术培训课,很快就有不少人学会了基本的绘画方式,她的成就感亦油然而生,再加上市集的需要,弟子班就这样应运而生。

在这样一个高度不确定的时代,等万事俱备再上路,为时已晚,亦很难到达成功的彼岸。敏锐地发现机会,摸着石头过河,才是最好的方法,这样慢慢地就走出了自己的路。在创业学中,我们称这样的思维方式为精益创业思维。

"现在徒弟多了,问题也来了。"

话锋一转。

"有的孩子是真的想好好学手艺,有的人则是带着'先学艺后单干'的想法来的,这个我都能看出来。"

日久见人心,接触久了,对方动什么样的小心思,慢慢就都能觉察出来。

"还有的孩子不老实,动心眼,搞小动作,私下里和别的机构串通,搞得大家不和睦。这种人让我很头疼。"

"你发现这种情况也不是一天两天了,你做了哪些事来应对呢?"面对问题,人们总是有一些应对办法的。

"刚开始我还挺措手不及,我对他们这么好,他们怎么能这样不靠谱呢?你看,我教他们的课程虽然收学费,但是之后他们去市集给别人画海娜,我只收很低的管理费,收益的大部分都让他们拿走了。之前,我已经给他们开出最高的报酬了。"

"这些都是你给予他们的福利,但是并不能控制对方的人性。"我看她马上要开启"吐槽"模式,及时打断一下。

"没错,人性。就我说的这个女孩,我当时让她联系了一个大商场的市集活动,她转身就自己主办这个活动。结果办得并不好,因为她手艺还不够精。现在她又要回来找我,说是别人怂恿她这么做的。"

郭德纲老师曾经说过:"同行都是赤裸裸的仇恨。"大家都只盯着这一块蛋糕,自然会激烈地自相残杀。

"好的,'橘子',我大概了解了。"我继续说,"你带徒弟了,有的人乖乖听话,有的人搞小动作、搞分裂。你也知道在人性的层面,这样的问题总会发生,所以你今天向我寻求的是如何应对这些事情,我可以这么理解吗?"

"是。我应该开除这个孩子,我现在就在疏远她。可即使开除了她,以后我还会遇到类似的人。看来，如何去应对才是最重要的，我想知道自己该怎么去应对这种情况。"

"好，我明白了。你从原来的手工艺创业者转变为行业的传承者，我很高兴见证了你身份层面的变化。那么，你自己意识到这一点了吗？"

"呵……还真没意识到。我之前就是想着带徒弟了，挺酷的，甚至以后她们出去干活，我就可以做点儿别的，或者什么都不做了。"

"身份层面的变化你没有意识到，不知道怎么在行动层面去应对也是必然的了。"我给出一个论断，想必她会好奇为什么我会这么说。

"为什么？"果不其然，她表示不解。

"如果你只是一个手工艺创业者，想要把海娜画好，你需要调用的能力有哪些？"我引导她去思考。

"技术要好，确保自己手稳心静；能和主办方谈自己的要求，就是上次咱们聊的，尊重自己的价值，如果合作不愉快，我有权利选择不合作。"

"总结得不错。那么下一个问题：当你开始带徒弟，不再是自己一个人吃饱全家不饿，而是要带着弟子们把这项手工艺发扬光大时，你需要调用的能力有哪些新的变化呢？"

"上课时，我要确保他们听得懂、能学会，然后还要帮他们接更多的生意，我的主要工作是反复与市集主办方确定合作意向、合作方式等。我还要为弟子们提供支持，让他们在不同的市集上撑起局面。这样，我就得往返于几个市集，遇到他们有不懂的问题，及时给予指导。"

"你有没有发现，随着身份的变化，你现在的工作和适用能力也在发生变化？"

"是啊，我之前一直都没有发现有这样的改变。"

"所以,当你没有准备好应对自己角色的变化时,你就会觉得不适应。有的徒弟在你这里搞小动作,一方面出于人的本性,另一方面你也要明白,是你给了她可以钻的漏洞,才会出现今天的情况。"

"对……"她若有所思。

"就如同在企业中,一位技术方面的资深达人晋升为管理层,他需要调用的能力就从原来的专业技术能力转变为管理能力,你也是这样的情况。你刚才也讲了,你现在主要有让他们能听懂、能学会的讲授能力和接洽更多市集的沟通能力。但是,你没有一套相对清晰完整的管理制度和计划,也没有让弟子们产生被管理的掌控感。要知道,人们在对于某个领域一无所知的情况下,师傅就是他掌控感的来源。这一点,你感觉自己做得如何?"

"啊?我跟他们之间的关系一直都是挺融洽的,觉得都是自己人,不用搞得那么严肃……"

"那我就要问你了,你觉得一个理想的师傅应该是什么样的?"

她边思考边说:"能学到东西,让人感觉舒服……"

"那么,为何每当你在创业方面遇到困扰的时候,你都会来找我?"

"是,第一时间想到的就是您。"

"第一时间来找我,难道仅仅是因为我能让你学到东西,让你感觉到舒服?我现在问你这些话,不是让你觉得舒服的吧?"

"橘子"沉默了一下,说:"是,让我觉得有点儿挑战。学到东西更重要,老师应该用各种各样的方式启发人。我之前在他们面前表现得太随意了,没有建立这种威信。"

"制定你的规则。作为你的弟子,他可以选择不来,但既然选择向你学习,他就必须按照你的游戏规则来玩。坚定你的角色,作为师傅都不坚定,徒弟怎么能完全信服于你?"

"您说得太对了,我先把威信树立起来就好了。"

"今天的咨询结束之后,你起码有两件事情要做:第一,思考如何去完善你的制度,制度背后承载的是你作为他们的师傅,应该是一个什么样的角色?第二,对于已经发生的事情,考虑一下,如果从师傅的身份出发,你该怎么做?这两个方面,你现在有哪些初步的想法?"

一个月后,"橘子"带着一些产品来了。

"薛老师,这次主要是来向你汇报我的思路的,你看看靠不靠谱?"她把一个包放在桌子上。

"回去之后呢,我把带徒弟的方式梳理了一下。现在每个市集上都有我最信得过的人。我还是偶尔跑一跑,看一看,剩下的时间做一些新的尝试。"

她说着,打开自己的包裹,里面有很多大大的蜡烛。和普通蜡烛不同的是,这些蜡烛上面有很多美丽的花纹,应该是她自己画上去的。

"虽说现在管理徒弟是我需要做的事,可是我认真想了想,我最喜欢做的事情还是画海娜,而且我也有能力把它画好。这个专业能力,就像您之前说的,是不可替代的核心竞争力。现在我把弟子们都教出来了,总不能饿死师傅啊。所以,我就想着要把专业做到极致。"

她把一个蜡烛递给我,接着说:"这些蜡烛,都是我手工画上去的。目前只有我自己能做这个,这可比在人身上画海娜困难多了。"

我仔细打量着手中的大蜡烛,金色的海娜藤蔓缠绕整个烛身,颇有异域风情。能看得出,这确实需要花费不少工夫。

"如果画在人身上,人需要在场才行。但是这些产品,我个人画好了就可以出售。当然,价格会很高,主要是贵在人工投入和产品的独一无二上。"

您觉得这个想法靠谱吗?"

面对这样的问题,"不接招"是必然的,于是我回答:"如果你是我,你猜我会怎么回答你?"

"橘子"狡黠地笑了,说:"薛老师,果然狡猾啊……我觉得按您的思路,应该还是鼓励我尝试吧。"

"是的,"我很赞赏她的想法,"试一试总是可以的,先做点儿小的动作,根据市场的反馈再快速调整,会比准备好了再上路要容易成功。因为这世上本来就没有'什么是都准备好的'。"

"而且,'橘子',你发现了吗?你在一步步的尝试中快速地成长了。第一次我们见面,你不敢要价,现在你不但带徒弟,而且开始考虑产品的创新了。每一步的成长,都是稳健且向前的。"

听到这里,她若有所思:"是啊,不到一年的时间,我不仅能靠海娜养活自己,还可以帮助别人过上更好的生活了。"

"嗯,创业不是做买卖,而是通过你的能力让更多人从中受益。你让自己受益,获得自信和经济财富;你让弟子和客户受益,获得经济价值和美;你也让我受益,我不但见证了你的成长,还积累了很好的个案。"

"是,非常感谢您给予我的几次创业指导。您想知道我最大的收获是什么吗?我最大的收获是您说的创业者内心的成长。如果我没有内心的价值感,就不知道怎么谈钱,也不知道怎么处理好我的生活;如果我不清楚自己的角色,也就无法管理好自己的团队;如果我找不到我的初心,也就不能时常思考自己最想做的是什么。这些心理层面的东西,是我最大的收获!"

创业就是一场内心的修炼。

通过创业,让自己变成更好的人,这也是我这个创业咨询师最大的期待。

后记

这本书从选题策划到成稿，用了一年半的时间。

为什么会如此之久？因为前前后后我写了"两本书"。第一本书因为过于"专业"，过于"学术"，直接被推翻。那一刻，我的内心是崩溃的……

"老子不想写了！"在辛苦写成的书稿被推翻的那一刻，我想每一个写书的人内心都会这么想。

人们的心理就是这样的有趣，一旦内心产生了"不想写"的放弃念头，内心所有的声音都会支持你。

"不写了又能怎么样？反正写在公众号上照样有人看。"

"现在谁还看书啊……"

"想通过卖书实现财富自由的时代，已经一去不复返了。"

……

你看，我们每个人都逃不出自己内心的阻碍。

自己觉得写出来的东西，别人不一定愿意看，可是我们还是会执着于"我很专业"中不可自拔。

"薛老师，何不发挥你的优势，写你之前的个案呢？"自由出版人闫勤老师在和我聊天的时候，建议我说。

"我觉得你这本书，在你闺女出生之后，应该就能确定方向了。"心理学专家左辉老师也给过我这样的建议。当时听起来觉得很玄乎，现在想来，确实有潜在的原因。

是啊，做了10余年的咨询——心理咨询、生涯咨询，还有专门为创业者所做的创业咨询，为什么不可以把这些年积累的案例总结成书呢？在一个人人都喜欢读故事的年代，谁还喜欢读理论？

推翻内心的"专业性"，把接地气的东西双手捧上，不也是我这些年人生历程的总结吗？

2003年，正值"非典"肆虐，高考金榜题名的我，想要离开北京，却阴错阳差地被调剂回了北京。虽然学着计算机专业，但我却执着地选择了心理学作为我未来的人生发展目标。

2005年，我开始给大学生讲心理健康，带领一群小伙伴做一些接地气的事儿：拍大学生心理健康方面的电影，办心理健康方面的杂志、报纸……这一干就是整个本科和研究生阶段的7年时光。

2007年，因为自己执着于心理学，和北京师范大学的学姐做"高大上"的实验研究，北京、安徽两地跑。那时潜心研究心理咨询的技术实践，最终成就了今天的我。

有人在上课时问我："薛老师，你的第一段创业经历是什么？"我会告诉他，我的第一段创业经历，是找到自己真正愿意投入一生的事业，并改变原有现状，创造出今天的我。之后其他创办公司的经历，远远无法与这段历程比较。

创业心理，就如同在内心埋下的一颗炸弹。

为了想要改变现状，我们需要产生偏执的力量。

"我就不信了。""改变很难吗？我要试一试。""一步一步来，我也可以做到。"……

革命很难，但是不革掉自己原有的悲惨命运，人生会更难。

当心中感觉到现在的生活让你不舒服，你就需要为之做点什么了：改变你人生现状的剧本，革掉你原本认为无法改变的命。

感谢那些在我生命中，帮助我革掉原有命运的人们。

感谢北京印刷学院心理咨询中心主任刘霞老师，当年敢于让身为大学生的我去给更多的大学生讲课，这也是伟大的创业精神。

感谢恩师崔立中、邹泓老师的培养和信任，让我在专业上拥有坚实的基础。

感谢厦门大学的刘潇肖老师、北京林业大学的吴宝沛老师、昔日的学姐学长和研究伙伴们。这些活跃在心理学专业领域的中坚力量，让我时常感受到被支持、被鼓励。

感谢张晓娟女士，感谢中国海洋大学的乔宝刚，四川大学的何惠、陈晓娟老师，生命之花工作室的钟谷兰、杨开老师，在我的事业发展阶段中，你们都是我的良师益友。

当然，感谢我的父母，不仅仅把我带到这个世间，赶上了这个美好的时代，也是你们当年对我说的"无论如何，爸妈支持你自己的人生选择"，让我成就了今天的事业。

感谢妻子施鳗珂，她不仅让我能够专心于自己的工作，也在书稿修订过程中做了很多的工作。

最后，以此书献给我刚出生不久的女儿：薛诗榆，你的诞生不仅标志着我们这个小家庭进入了新阶段，也让我成为更好的自己。